叢書インテグラーレ
017

平和のために戦争を考える
──「剥き出しの非対称性」から

眞嶋俊造…著

広島大学大学院総合科学研究科…編

未来の人に、戦争の体験は不要です。
しかし、戦争の事実を正しく学ぶことは必要です。

「平和への誓い」(一部)
平成29年度広島市原爆死没者慰霊式並びに平和祈念式

まえがき

　『平和のために戦争を考える』という本書のタイトルを見て、「なぜ平和のために戦争を考えるのか」という疑問を持つかもしれない。ほとんどの人は、平和は大事であると考えているだろう。著者もそう考えている。だとすれば、私たちは平和を希求するのであるから、戦争ではなく平和について考えればよいのではないかと思えるかもしれない。
　しかし、戦争について知らずに、また戦争について考えずに、平和の本質を理解することはできないし、よもや平和を実現することは到底できないのではないか。著者はそう考えている。

　「戦争について何を考えるのか」という疑問があるかもしれない。それは、戦争やその諸相の「悪」である。
　「悪いことは悪いに決まっているのだから、どうして考えるのか」という疑問があるかもしれない。確かに、戦争や武力行使や他の暴力は（さしあたってのところ）一般的に「悪」であると考えられる。
　「戦争が悪であることはほぼ自明のことなのだから、あえてその悪について考える必要はない」と思うかもしれない。おそらくほとんどの人は、「戦争の悪」や「戦争が悪とされる理由」について普段あまり考える機会や時間を有してないだろう。
　しかし、もし私たちが「戦争は悪である」と考えるのならば、「なぜ、どのような点で、どうして悪なのか」ということに関して何らかの理由を有しているはずである。否、有していることが望まれるだけではなく、有していることが必要とされるのだ。
　もし私たちが責任を持って「戦争は悪である」という主張を行うことができるのであれば、私たちはその主張を擁護できるに足る何らか

の理由を有しているはずである。そして、私たちは、その理由が筋の通ったものであり、また適切であることを相手に対して説明する責任が生じるし、説明できなければならない。

　少なくとも、思慮や分別のある相手であれば、「戦争は悪である」という主張を下支えする、根拠となる理由を知りたいと思うだろうし、その主張が妥当であり適切であり正当なものであるかどうかを理解したいと考えるのはないだろうか。

　平和という「よいこと」を希求することは重要である。しかし、「希求」だけでは平和を理解できないし、平和を実現することも難しいように思われる。

　真摯に平和を希求するのであれば、「平和とは何か」や「なぜ平和がよいことなのか」を知り、理解し、考えるべきである。そして、そのためには「平和ではない状況や状態（さしあたりここでは「戦争」としよう）」や「なぜ平和ではない状況や状態が悪いのか」ということを知り、理解し、考えることが必要不可欠である。

　振り返るに、私たちは「戦争の悪」についてどれほど真正面から向き合って考え、真摯に検討し、議論してきただろうか。

　戦争の事実について正しく学ぶことは必要である。その上で、私たちはもう一歩前に進むべきではないだろうか。その一歩とは、「戦争の悪」について考えることである。

　言い換えれば、戦争、そして「戦争の悪」について考えることは「平和」を実現するための第一歩になるのではないだろうか。

2019 年 1 月

眞嶋　俊造

目　　次

はじめに ……………………………………………………………… 1

第 1 章　「戦争を考える」ということ ………………………… 5

戦争を倫理学の視座から読み解く／「戦争は嫌だ」という考え／今日明日には、戦争はなくなりそうにない／「嫌」なのに、目を背けること／弱い立場にいる人々へのまなざし──「いじめ」との類推／どうして戦争について考えるのか／「思う」「感じる」と、「考える」は異なる／「考える」ということ──自分自身で考え、みんなで考え、みんなと考える／「考える」ことの段階／どうせ戦争はなくならない？？？／戦争なんてなければいい／「戦争があった方がよい」？／戦争を防ぐ「べき」、でも「できる」とは限らない／「戦争反対」／「戦争をできる」と「戦争をしよう」──「能力」と「意図・意思」／「意図・意思」のチェック／「戦争をする」と「戦争に巻き込まれる」は違う？／「より少ない悪」／「より少ない悪」という考えが示唆すること／戦争が悪であるならば避けなければならない／戦争について考えよう

第 2 章　「平和」、「戦争」、「剥き出しの非対称性」 ……… 29

「平和」、「戦争」、「剥き出しの非対称性」の特徴の理解／「平和」の特徴と理解／「戦争」の特徴と理解／「戦争」を理解するために──競技スポーツとの類推／「戦争」を理解するために──「物理的強制力」について／「戦争」の特徴付け／「剥き出しの非対称性」の特徴と理解／混在する「剥き出しの非対称性」

第 3 章　武力紛争の諸相 …………………………………… 54

非対称型の武力紛争／非対称戦としての、武力介入・対反乱作戦／戦闘が非対称的な性質であること／兵器や武器に関する非対称性／遠征軍事介入の倫理／暴力における「剥き出しの非対称性」

第 4 章　子ども兵士と「道徳的罠」……………………… 67

子どもと戦争／法的枠組み／搾取という問題／子ども兵士／戦闘における子ども兵士――職業軍人としての兵士の視点から／後悔や罪の意識が起こる理由／子ども兵士を攻撃すること／「子ども兵士」と兵士の「道徳的罠」

第 5 章　自殺攻撃の許容可能性 ………………………… 85

「自殺攻撃」とは――「自殺行為に等しいような攻撃」との比較／自殺攻撃における標的の道徳的地位／（広義の）自殺攻撃を行う者の道徳的地位と道徳的責任／自殺攻撃における「剥き出しの非対称性」

第 6 章　人質と殺害の暴力 ……………………………… 102

武力紛争におけるジャーナリストの立場／ジャーナリストの保護／人質をとることの禁止／身柄拘束をめぐる倫理／人質を取ることの道徳的悪／人質を殺害することの悪、人質の殺害を公開することの悪／人質という非対称性

第 7 章　ドローンと「倫理的」な攻撃 ………………… 120

軍事・安全保障のためのドローンの利用／ドローンの操縦室／『アイ・イン・ザ・スカイ　世界一安全な戦場』から／ドローンによる戦闘は倫理的か？／ドローンを巡るディストピア

第8章 防衛産業と人々の保護 ……………………………… 133

防衛産業と「倫理」／「防衛産業」の定義／武力紛争における兵器工場の地位／兵器工場で働く人々について／残された問題／人々の保護についての提案／防衛産業と「戦争に巻きこまれる」ことについての責任

第9章 道徳的運と「より少ない悪」 ……………………… 148

「道徳的運」の論点整理と射程の確定／戦闘において道徳的運が問題となる場合／「戦争の霧」の中で――軍事専門職倫理教育の必要性／「より少ない悪」を目指す

おわりに ……………………………………………………… 166

あとがき ……………………………………………………… 169
索　引 ………………………………………………………… 173

はじめに

 21世紀に入り早20年近くを迎えるが、依然として世界各地では戦争（武力紛争）が起こっている。また、わが国を取り巻く東アジアの国際情勢も近年になり頓に緊張の度合いを増しており、同時に大きな変革の兆候も見ることができる。一方では、欧米諸国では人工知能（AI）やロボットや革新的な技術を用いた兵器や軍用物が実戦配備されつつある。他方では、そのような技術や工業力を持たない国・地域では、女性や子どもでさえ、兵士や自殺攻撃の手段として使われている。また一方で、紛争地に兵力を展開する欧米諸国において自国の兵士の「命の価値」は途方もなく貴重で高いものとして扱われている。他方で、それらの兵力が展開する地域の多くでは、民間人や非戦闘員を問わず現地の人々の「命の価値」が極端なまでに低いものとして扱われている。

 このことは、政治共同体[*1]内、国家間、そして地球規模での、多層的かつ構造的に、散発的ないし継続的に出現し行使される暴力の存在と、その暴力によってもたらされる不正、つまり正義の欠如を意味する。特に、現代の武力紛争では、「最も弱い立場にいる（most vulnerable）」人々が、さまざまな様相で出現し行使される、身の毛もよだつような種々の暴力に一方的に晒される。最も弱い立場にいる人々が、ひどく極端で、私たちの生き方や暮らしに深刻な悪影響を実質的に及ぼすような状態や状況・関係性、つまり「剥き出しの非対称性」という不正義、または「剥き出しの非対称性」が生む不正義の中に置かれており、それが世界中に偏在するという現実に、私たちは直面している。この「剥き出しの非対称性」は戦争の諸相において、最

も醜い、誰もが受け入れ難いほどの不正として発露するのだ。

これまで、国際情勢、特に戦争と平和を巡り、政治・経済・社会・国際法の視座より多くの議論がなされてきた。確かに、それらの先行研究の多くは、戦争が起こる理由や背景、戦争がもたらす被害、戦争後における平和構築の必要性について有益な示唆に富む。しかし、それらの多くは、学問分野に基づく個別のアプローチを研究手法としており、実際の問題解決に資するために政治・経済・社会・国際法からの視座を繋ぎ、戦争と平和の本質を洗い出すような統合的な研究とはいえない。このことを踏まえるに、戦争と平和の本質を明らかにし、戦争の予防・戦争がもたらす被害の軽減・戦争後の平和構築について具体的かつ実践的な処方を提示することが喫緊の課題であるといえる。

上記の状況に鑑み、本書の目的は、理論と実践の架橋を使命とし、他の学問分野との協働を存在理由とする応用倫理学の視座から、「剥き出しの非対称性」を探求の軸として、戦争と平和の本質を理解するための重要な要素である「戦争の悪」を暴き、戦争と平和の本質に迫ることである。この作業を通して、現代の戦争がもたらす問題の解決と、平和を構築するための具体的な方策を究明に資することを目指す。

上記の目的と狙いを実現するための手段として、現代の戦争と平和を巡る数多くのトピックの中から、特に重要と思われる9つのトピックについて、法からの示唆を踏まえつつ、「戦争の悪」をあばいていく。

本書の構成は、概論（第1～3章）と各論（第4～9章）に分かれる。

第1章　「戦争を考える」ということ
第2章　「平和」、「戦争」、「剥き出しの非対称性」
第3章　武力紛争の諸相
第4章　子ども兵士と「道徳的罠」
第5章　自殺攻撃の許容可能性
第6章　人質と殺害の暴力

第7章　ドローンと「倫理的」な攻撃
　第8章　防衛産業と人々の保護
　第9章　道徳的運と「より少ない悪」

　本書は、「剥き出しの非対称性」を切り口として、戦争とそれに関する暴力の諸相を読み解くことを目的とする。そのためには、議論の道具立てが必要になる。
　ひとつの道具立ては、主に事実に関することがらを扱う政治学や歴史学的な視座に依拠する知見や方法論である。事実を知らなければ考えることは覚束ないし、その考えは砂上の楼閣になってしまうだろう。国家や他の政治共同体がなす個々の戦争（武力紛争）、武力（軍事力）の行使、戦闘について批判的に検討するためには、それらはどのようなものであるかを知り、理解する必要がある。例えば、過去の戦争を分析し、そこから学んだ知見を援用することによって、今起こっている戦争や起こりつつある戦争の問題、これから起こる戦争がもたらす新たな問題について考えていくことができるだろう。
　もうひとつの道具立ては、規範を扱う法学や倫理学的な視座に依拠する知見や方法論である。事実を知っているだけでは、適切な推論や判断や評価を行うことはできない。事実を規範と照らし合わせ、事実が規範と合致するかずれているか、また規範自体が妥当なものであるかについて考えることは、法哲学や倫理学の知見や方法論を用いることによって行うことができる。本書では、「戦争の悪」を考えるにあたって、理論と実践の架橋を目指す応用倫理学の視座を援用したい。
　なお、応用倫理学とは、メタ倫理学や規範倫理学と並んで倫理学を構成する一分野である。具体的には、メタ倫理学や規範倫理学の知見を援用しつつ、社会のさまざまな事象を規範的に分析し、具体的な処方を提案することを目指す学問領域である。応用倫理学においては、社会における個人や集団のあらゆる行いが分析対象となる。例えば、安楽死や臓器移植という人間の生命に関する行為を倫理学的に分析する領域は、「生命倫理学」や「医療倫理学」と呼ばれる。また、自然

や他の生き物との関係についての倫理学的な研究は、「環境倫理学」や「動物倫理学」と呼ばれる。本書は、戦争や他の集団的暴力について倫理学的の視座より分析を行うため、「戦争倫理学」や「軍事倫理学」という分野に該当する。

【注】
*1　本書では、「政治共同体」を「ある一定の領域とそこにいる人々を統治し、共同体を運営することに正統性を主張する非国家主体」という意味で用いる。

第1章

「戦争を考える」ということ

　本章では、「戦争とその悪について考えること」について論じる。まず、「考えるとはどういうことか」を検討し、考える方法や手順を提示したい。そして、戦争を取り巻くさまざまな議論を倫理学の視座から読み解き、戦争とその悪について考える意義を論じる。

■ 戦争を倫理学の視座から読み解く

　「戦争を倫理学の視座から読み解く」というのは、一体どういうことかと思うかもしれない。「戦争」というのは、それがどのような特徴を有するかについては次章に譲るとして、人間社会の中で生じる事象のひとつである。「倫理学」というのは、さまざまな説明の仕方があるかもしれないが、「人間社会において、よく生きるためにはどうすればよいか」を、また「その行為はよく生きることを意味するのか、それはなぜなのか」を問う学問である。社会における個人や集団の行為が倫理学の対象となるといえる。それらの行為が倫理学の対象となるのであれば、戦争もまた倫理学の対象となるだろう。つまり、「戦争を倫理学の視座から読み解く」とは、「戦争を倫理学の知見や方法論を用いて、倫理学の視座から検討すること」である。では、それは具体的にはどういう作業や手順なのだろうか。以下、議論を進める中でそうした作業を実践していきたい。

■ 「戦争は嫌だ」という考え

　「戦争は嫌だ」と考える人は多いだろう。そのように考えることは非常に健全なことのように思える。

では、なぜ「戦争は嫌だ」と考えるのだろうか。すでにまえがきで述べたように、「考える」ということは、なぜそのように考えたのか、どうしてそのように考えたのかという理由が伴う。すると、「戦争は嫌だ」という考えにも、きっと理由があるはずである。また、その理由も１つだけとは限らず、複数あることが想定できる。例えば、「人が死ぬから」「人を殺すことだから」「戦争に行きたくないから」「人を殺し、人が殺されるという現実を直視したくないから」といったことが、「戦争は嫌だ」と考える理由としてあげられる。どれもすべて真っ当な理由であり、このように自分が「嫌だ」判断した理由を説明する人は、あるところまで戦争について考えているといえる。それでは、その先には何があるのだろうか。それは、「どうやったら戦争をなくすことができるかを検討すること」ではないだろうか。

■ 今日明日には、戦争はなくなりそうにない

　「戦争は嫌だ」と考える人の多くは、きっと、「戦争がなくなればいい」と考えているかもしれない。もし戦争が地球上からなくなれば、嫌なことが現実からなくなる。それは素晴らしいことのように思われるかもしれない。

　しかし、私たちの生きている世界において、また私たちの生きている間において、ひょっとしたら戦争はなくならないかもしれない。事実、世界各地では戦争が起こっている。ある地域では、紛争当事者が停戦に合意しても、どちらかまたは双方が同意を守らず、また戦闘が再開されてしまう場合もある。また、他の地域では、これまでくすぶっていた集団間の対立が武力を伴う紛争に発展し、激しい戦闘が行われる場合もある。

　国家間や集団間の争いの火種は尽きないように見受けられる。現在のところ、国家の間で行われる戦争を取り締まることができる国際的・超国家的な機関や組織は存在しない。加えて、軍事力を増強し、武力行使の閾値を低くしたいと考える政府があるかもしれない。そのような政府は、若い人々に軍隊に入ることを強制するようになるかも

しれない。「嫌な戦争」が身近に存在することは、現実味を帯びているのかもしれない。

では、私たちはどうすればよいのだろうか。また、私たちは何ができ、何をすべきなのだろうか。

「戦争は嫌だ」という感情はとても重要である。それはとても重要な、しかしほんの出発点でしかない。もし本当に戦争が嫌なのであれば、「嫌だから、で、どうすべきなのか、何ができるのか？」と、「嫌」の先にある何かを求めて、もう一歩踏み出す必要があるのではないだろうか。その先にあるものは「考える」という営みである。

「嫌」の先にあるものとして思いつくのは、「なくなればいい」があるだろう。そうであるならば、次のように「考える」ことができるのでないだろうか。つまり、「戦争は嫌だ」→「嫌なものはなくなればいい」→「嫌な戦争をなくすにはどうしたらいいか」と、ここまで話が展開したということは、すでに戦争について深く考えていることを意味する。

■ 「嫌」なのに、目を背けること

「戦争について考えること自体が嫌だ」という人もいるだろう。それはそれで個人の自由である。「戦争について考えなさい」なんて、誰が誰に対しても強制できないことであり、また強制すべきことではない。「戦争について考えたくない」という人は、戦争という、殺傷や破壊の惨状や悲劇的な結果について直面し、心を痛め悩むことがないのだから、個人の心の安らぎを確保することができるのかもしれない。

しかし、考えようによっては、「戦争を嫌だと思っていながらにして戦争について考えない」ということは、自分だけではなく他者や社会への関与（コミットメント）を自ら否定していることを意味するのかもしれない。大げさな言い方にはなるが、理念形としての民主制国家において、私たちが戦争について考えることは当然のごとく与えられている「権利」であり、社会の構成員として果たすことが望まれる

ことだろう。ひょっとしたら、戦争について考えることは、ときとして市民的な義務になる場合さえあるのかもしれない。「権利」であるならば、それを行使しなくても非難されることではない。しかし、もし戦争について考えることが「義務」であるならば、その義務を果たすことが期待され、要求される。そのような義務のひとつとして、2015年に成立した安全保障関連法制（安保法制）の施行後においてその法の施行が「嫌な戦争」につながらないよう「政府が何をしたいのか」を監視することをあげてもよいだろう。

■ 弱い立場にいる人々へのまなざし
——「いじめ」との類推

　一般論として、戦争において「弱い立場にある他の人の権利を擁護したり回復したりするために、自分の持つ権利を行使すること」は、賞賛されたり推奨されたりすることだろうか、それとも非難されたり禁止されたりすることだろうか。

　上記の問いについて同じように権利の行使が他人の権利の擁護に関わる事例を用いて考えを進めてみよう。まず、一例として、「いじめ」を取り上げてみたい。「いじめは嫌だ」と思った場合、「いじめは嫌だから考えない」という人と、「いじめは嫌だからこそ考える」という人がいるだろう。「いじめは嫌だから考えない」という人は、もし自分がいじめられても、または自分の家族や友人や同僚がいじめられても、嫌だから考えないのだろうか。少なくとも、「いじめという嫌なことを何とかしたい」とは考えるのではないだろうか。この場合、「いじめは嫌だから考えない」という人も、「いじめは嫌だからこそ何とかしようと考える」ようになるかもしれない。それは、「現実味」、弱い立場にある誰かが不正な目に遭っているというリアルな感覚、または「他者への共感」がそうさせるのかもしれない。この「他者への共感」こそが、「いじめは嫌だからこそ考える」という人を動機付け、自分、他者、また社会に対して積極的に関与することを促すのだ。

　次に、「いじめ」の類推から「戦争」を考えよう。実は、いじめと

戦争の間には、立場の弱い人々に対して暴力が行使され、その暴力の行使について私たちがどのように考えることができるかという点において似たような構造を見てとることができる。「戦争は嫌だ」と思った場合、「戦争は嫌だから考えない」という人と、「戦争は嫌だからこそ考える」という人がいるだろう。「戦争は嫌だから考えない」という人も、もし自分が戦争に巻き込まれたら、または自分の家族や友人や同僚が戦争の犠牲になったら嫌だと思うかもしれない。そのようなとき「嫌な状況を何とかしたい」とは考えないだろうか。この場合、「戦争は嫌だから考えない」という人も、「戦争は嫌だからこそ何とかしよう」と考えるようになるだろう。ここでもまた、「現実味」、リアルであるという感覚、または「他者への共感」が、「戦争は嫌だからこそ考える」という人を動機付け、自分、他者、また社会に対して関与することを促している。

　ひょっとしたらいじめは身近なものではあるけれど、戦争は遠い世界の話と感じる人もいるかもしれない。顔の見える近くの人、親しい人に共感を覚え、その人に対して優しく親切に愛情を持って誠実に接することは、私たち誰もが経験していることである。もしその人がいじめにあったら、私たちは何とかしたいと考え、ひょっとしたら何らかの行動を取るかもしれない。

　「名前も知らない遠くの国で起こっている戦争で苦しむ、顔の見えない他者に共感なんてできるのか」という疑問があるかもしれない。確かに、顔の見える近しい人に対する共感の度合いとは異なるかもしれない。しかし、私たちは遠くの他者にも共感することができる。その理由は、私たちがその人々のことについて考え、思いを寄せることができるからである。もし自分や自分の近しい人が連日連夜の空爆や市街戦にさらされたらどうだろうか。実際に経験しなくても、私たちは想像し、思いを馳せ、近似値的に考えることができる。そのことを行うことによってによって共感が生じ、増幅し、私たちが行動を起こす動機付けとなる。

　実は、戦争が嫌な人こそ、「嫌だからこそ戦争について考えていか

なければならない」といえるのではないだろうか。というのは、戦争について考えないと、いかに戦争を利用しようかと考えている人たちに騙され、丸め込まれてしまうかもしれないし、そうなってしまった時点ではもう手遅れになってしまうかもしれないからである。

戦争について考えるのは辛いことである。しかし、戦争が辛い、悲惨なものであるからこそ、私たちは考えていかなければならないのだ。

どうして戦争について考えるのか

戦争について考えたことがあるだろうか。おそらく、いつかの機会に、何かを考えたことがある人は多いと思う。むしろ、戦争について今まで一度も考えたことがないという人はいないのではないだろうか。とはいえ、朝から晩まで四六時中、戦争について考えている人はほとんどいないだろう。そんなことをしていたら勉強や仕事ができなくなってしまう。まず、ここで私たちが話の出発点にしたいのが、「私たちは戦争について考えたことがある」ということだ。「戦争は嫌だ」と思うことも、広い意味では「戦争について考えた」といえる。

「戦争について考える」ことは、戦争を肯定することではない。「戦争がなければいい」、「戦争がなくなればいい」、「戦争の被害がなかったり、少なかったりしたらいい」と思うからこそ、私たちは戦争についてきちんと考える必要がある。

戦争をなくすには、戦争について考えることが最も重要だと著者は考える。戦争について考えることなしに、戦争をなくすことはできない。戦争をなくしたいからこそ、戦争について考えるのだ。

戦争について考える前に、まずは「考える」とはどういうことかについて見ていこう。

「思う」「感じる」と、「考える」は異なる

「考える」ということはどのようなことだろうか。「考える」と似た言葉に、「思う」や「感じる」という言葉がある。私たちは普段それ

らの言葉を特に区別することなく、何気なく使っていることが多いだろう。確かに、「戦争は嫌だと思う」、「戦争は嫌だと感じる」、「戦争は嫌だと考える」との間にはそれほどの差はないように見えるかもしれない。

　しかし、「思う」「感じる」と、「考える」との間には違いがある。ある人が「自分は思う、感じる」といった場合、「なぜ、どうして、そう思う、感じるのか」についてそう思った、考えた理由を他の人に対して必ずしも説明する必要はないだろう。もし他の人が「いや、自分はそう思わない、感じない」と言ったとしても、極端な言い方をすると、「君はそうかもしれないけれど自分はそう思う、感じるのだから」で話を終えることができる。相手も、そう思った、そう感じた人の思ったことや感じたことによほどの興味があるか、余程のおせっかいではない限り、それ以上は追及しないだろう。

■「考える」ということ
　——自分自身で考え、みんなで考え、みんなと考える

　「思う」「感じる」とは対照的に、「考える」は、「どうして、そう考えるのか」について、そのように考えた人がその理由を説明しなければならない。これはどういうことだろうか。

　ある人が「自分はそう考える」と言った場合、その人はそのように考えた理由を持っているはずである。もし他の人が「いや、自分はそう考えない」といったとしたら、「君はそうかもしれないけれど、自分はこう考えるから」では済まなくなる。もし前向きな、建設的な意見交換や話し合いを行うことを望むのであれば、「そう考える」と言った人と「いや、自分はそう考えない」と言った人の双方に、「なぜ、どうしてそう考えたのか」を説明する責任が生じる。つまり、「考える」ということは、少なくとも自分の考えに責任を持つこと、そして、他の人の考えに対しても、まずは「聞く」という意味で責任を持つことを意味する。

■「考える」ことの段階

 もう少し「考える」について見てみよう。「考える」には段階がある。「考える」ことの第1段階は、さしあたり「自分自身で考える」ことである。通常、この意味で私たちは「考える」ということを理解している場合が多いのではないだろうか。

 しかし、もし自分自身で考えているとしても、他の人には、本当に考えているのか、何を考えているのかは分からない。「以心伝心」という言葉があるが、ひょっとしたら心は言葉にしなくても相手に伝わることがあるかもしれない。しかし、「考え」は言葉にして初めて相手に伝わる。すると、第1段階の「考える」とは、「自分で考え、言葉にする」というのが、より真実に近いのである。

 それでは、第2段階以降の「考える」とはどういうことだろうか。それは一言でいうと、「自分自身で考え、みんなで考え、みんなと考える」ことである。第2段階の「考える」は、その考えを言葉として相手に伝えることである。言葉になって初めて、考えがきちんと相手にしっかりと伝わる。また、その際、相手が言葉をしっかり受け止める姿勢を持っていることが前提である、そうではないと伝わったことにはならない。それは、考えを言葉として伝えたい相手が聞く耳を持っていない、つまり一緒に考えるつもりがないということである。もし残念なことにそのようになってしまったら、相手と一緒に「考える」ことはできないことになってしまう。

 では、自分の考えを相手に伝えるだけで、みんなと、みんなで考えたことになるのかというと、そうではない。それだけではまだ十分ではない。第3段階は、相手の考えに耳を傾ける、つまり、相手の考えを言葉として受け止める姿勢を持つことである。相手が自分の考えを受け止めてくれたように、自分も相手の考えを受け止めることが求められる。相手の考えを聞かないのであれば、それは本当の意味での「考え」ではなく、独り善がりの「思い込み」や「妄信」でしかない。

 相手の考えを聞くことで、自分ひとりでは考えもつかなかったこと

を知る機会を得ることができる。自分が考えつかなかったことを知るということは、一言でいうと、「自分の世界」が広がるということである。今まで見えなかったものが見えてくる。今まで知らなかったことを知ることができる。何と素晴らしいことではないか。

さて、第3段階までで、自分と相手の考えが言葉を介して理解する土俵が整った。第4段階は、その同じ土俵の上で、お互いと、お互いで、つまり、「みんなと、みんなで考える」ことである。私たちは自分の考えを相手に伝えることによって、そこから相手の考えに何らかの影響を与えることがある。また、同じように、相手の考えを聞くことによって、私たち自身の考えが影響を受けることもある。例えば、相手の考えを知ることによって、私たちは自らの考えの間違いを正したり、不足を補ったりすることができる。また、自分の考えを知った相手が、自身の考えの誤りに気づくことがあるだろう。

このように、自身で、お互いと、お互いで、考えの間違いを修正し、より間違っていない、より正しい考えに近づいていくことが、第4段階の「みんなと考え、みんなで考える」ことである。言い換えれば、第4段階の「考える」ということは、「みんながみんなで、より正しい考えに向かって、建設的な対話に積極的に参加し、関わる続けること」ことである。

ここで重要なことは、第1段階から第4段階までは、直線的に進む1回限りのものではないということである。「考える」ということは、連続的な行為である。何度も考えることによって、初めの考えに誤りを見つければそれを修正することができる。それによってより正しい考えを持つことができる。そのためには、自分自身で考え、言葉として相手に伝え、相手の考えを聞き、また自分の考えを振り返り、さらに一緒に考えるという、第1段階と第4段階の間を縦横無尽に何度も行き来するような一連の動的な繰り返し作業を行う必要がある。この営みこそが「考える」ということなのだ（図1）。

考えることとは必ずしも一回だけの、一瞬の行為であるとは限らない。むしろ、私たちは何度も考え、必要に応じて考えを修正し、さら

```
①自分で考え、言葉にする
②言葉を相手に伝える
③相手の言葉に耳を傾ける
④お互いで考える
→①から④までを往復する、一連の繰り返し作業
→これが「考える」ということ（1回限りのものではない）、
　または「倫理学の営み」といってもよいだろう。
```

図1　考えるということ

に考えるということを時間軸の中で断続的または連続的に行っている。

■ どうせ戦争はなくならない？？？

「どうせ戦争はなくならないのだから考えても仕方ない」と思う人もいるかもしれない。悟りきったというか、達観したというか、厭世的な感じがしないでもないが、ひょっとしたら「どうせ戦争はなくならない」はある程度の事実を捉えているのかもしれない。しかし、それだけでは何も解決しないことこそが、まさに事実である。

戦争は今日明日にはなくならないとしても、「いかにして戦争を起こさないにようにするか」、「いかにして起こる戦争の数を減らすか」、「いかにして起こってしまった戦争による殺傷や破壊をなくしたり少なくしたりするか」について考えることには意味がある。

それはなぜだろうか。大きな理由がある。逆説的な言い方になるが、「戦争を考えないと戦争はずっとなくならない」ということである。一方で、ある戦争がいったん起こったとしても、遅かれ早かれいつかは終わる。他方で、その間にも他の地域や場所で他の戦争が起こっている。そこには、戦争が起こるさまざまな「負の連鎖」があるかもしれない。「それは何であるのか」「なぜそれが戦争を起こすのか」という事実を分析すること、そしてその背景として「負の連鎖は戦争の原因となる悪いものであるから、なくすべきである」と私たち

が考えることが、戦争を減らし、なくなる方向付けを行う一助になるからである。本書では、「戦争を考えることによって戦争をなくす」ためのアプローチとして、「戦争の悪」について考えたい。

■ 戦争なんてなければいい

　私たちは「戦争なんてなければいい」と考えているだろう。戦争が起こると、人が人を殺し、人が人に殺され、多大な暴力と破壊が生じる。私たちは「そんなの嫌だ」と思うかもしれない。それ以上に、戦争が起こると、人々が死傷し、器物は破壊され、他の生き物や環境にも悪影響を与え、私たちは困ってしまう状況に直面するかもしれない。だから、戦争はない方がよい、またはあるべきではないといえる。

　しかし、悲しいことに、また困ったことに、戦争はなくなりそうにないように思われる。昔から数多くの戦争が行われてきた。今日も世界各地で戦争が行われている。どうやら近い将来に戦争がなくなる見込みは薄いのかもしれない。

　かといって、「戦争は人の性」とか、「戦争は人間の本能」とか、「戦争は人間社会に欠かせないイベント」とか、いとも簡単にうそぶいて決め付けてしまうのはどうだろうか。ひょっとしたらそれらの言葉を語る人々が想定している「戦争」のイメージや特徴に依拠するのかもしれないが、そういいきってしまうのは緻密な分析と慎重な検討が必要であるように思われる。それらが事実かどうかは置いておくとしても、少なくとも、戦争が起こると常に必ず誰かが困る、もっと言えば多くの人が自らの生命や財産が奪われるという不正を被ることになるのだから、戦争一般を簡単に肯定すべきではないとは言えるのではないか。

　もっともなことだが、戦争は起こらないのがいちばんである。戦争を起こさないためには、まず戦争の発生を予防することである。そして、戦争の発生を予防するためには、戦争を惹き起こす原因をなくすことにある。例えば、民族や宗教の対立、領土や資源をめぐる「もめ

ごと」が、戦争を惹き起こす原因としてあげられる。また、戦争は他にも数多くの原因が複雑に絡み合って惹き起こされ、個々の戦争にはそれぞれ特有の原因がある。

　もし戦争を引き起こすことにつながる原因が分かり、その原因をなくすことができれば、戦争はなくなるかもしれない。少なくとも、戦争を未然に防ぐことにつながるだろう。

　戦争が起こらないようにするには、戦争の原因をなくすことが最も重要であるように思われる。民族や宗教間の対立を解消し、いがみ合う人々に和解や寛容さや共生を願い、またそれを促進し、領土問題や資源については交渉による平和的手段による解決が図られるならば、多くの戦争は起こらなくなるだろう。また、貧困・差別・格差の解消、保健衛生の向上、教育の普及もまた、さまざまな形で戦争の予防につながると考えられる。

　戦争が起きそうな予兆がある場合でも、戦争を避けるために適切な非軍事的な措置を講じることもできるだろう。例えば、ある国家の国境地帯に大規模な地上部隊が展開されたとしよう。その国家は、地続きで国境を接する隣の国家への軍事侵攻を計画しているように見受けられる。そのような場合、他の国家や国際機関からの外交的な働きかけ、懸念の表明、展開を解除する勧告、非難といった非強制的な平和的な措置によって戦争を回避することができるかもしれない。また、必要に応じて、政治指導者や政府高官の渡航禁止や海外資産凍結、飛行禁止区域の設定、経済制裁、侵攻した場合の追加的制裁措置の宣言など、強制的ではあるが非軍事的な措置を講じることによって、その国に侵攻を思いとどまらすことができるかもしれない。

　上記は理想論かもしれない。現実はもっと、ずっと厳しいだろう。これまでどれほど戦争の起こる原因をなくす努力が試みられてきたか、現実にどれくらいの効果を発揮したかは、あえて説明する必要ないかもしれない。確かに、民族や宗教間の対立が緩和した場合や、人々が和解したり寛容さを取り戻したり、再び一緒に暮らす共生に向けた一歩を踏み出している事例も存在する。しかし、それでもなお、

戦争が惹き起こされる原因は残り続けることがある。

■「戦争があった方がよい」？

　「戦争があった方がよい」と考える人はいるだろう。そのような人は、大雑把ながら、3つに分類することができそうである。第一に、戦争をすることによって利益を得る人。第二に、戦争の現実について知らない人。第三に、戦争によって深刻な被害を受けない人。これらの分類は決して相互排他的ではない。例えば、第一の分類と第三の両方にあてはまる人もいるし、すべての分類にあてはまる人もいるかもしれない。どのような人がどの分類にあてはまるかについて網羅的な検討はしないが、代表的な例として、海を越えたはるか遠くで戦争を行っている国に武器や兵器を売る、「死の商人」とも呼ばれる武器取引業者や、戦争に参加することを職業とし、賃金を得る「傭兵」をあげることができるだろう。戦争や戦争の準備をする必要があるから武器や兵器の需要があり、そのような需要があるからこそ、武器取引業者は経済的利潤を追求することができる。もし戦争や戦争の脅威、または武器取引の需要がなくなってしまったら「商売上がったり」になってしまうかもしれない。また、同じように、もし戦争や戦争の脅威がなかったら、傭兵は必要とされなくなり、傭兵になる人々も少なくなるだろう。

　しかし、武器取引業者であれ傭兵であれ、すべての戦争があった方がよいと考えているとは限らない。武器取引業者にとって「忌むべき戦争」や「割に合わない」戦争はありえる。例えば、自分の身に直接の危険が降りかかるような戦争、商売敵だけが儲けている戦争、武器や兵器の輸送や代金支払いに多大なリスクがある戦争など、武器取引業者にとっては決して好ましいものではないだろう。同じように、傭兵にとって参加したくないような「忌むべき戦争」や「割に合わない戦争」もあることは想像に難くない。このように、人々は何らかの価値（この場合は私的利益や「儲け」）に照らし合わせて「よりまし」と考える選択を志向する場合がある。

もし「すべての戦争があった方がよい」と考える人がいるならば、それは戦争について知らない人に違いない。戦争を経験したことのある人はいうまでもなく、平和主義、反戦主義、非暴力主義に共鳴する人、戦争犠牲者への共感を抱く人、そして退役または現役の軍人、従軍経験者、軍事教育・訓練を受けた多くの人は、決して「すべての戦争があった方がいい」とは思っていないのではないだろうか。

■ 戦争を防ぐ「べき」、でも「できる」とは限らない

　多くの人々の多大な努力にもかかわらず、残念なことに、すべての戦争を防ぐことが成功するとは限らない。しかし、ここでは「(す)べき」と「できる」は分けて考える必要がある。「戦争はなくすべき」だが、「戦争をなくすことができる」とは限らない。現実には、「戦争をなくす」という目標と「戦争がなくならない」という現状との間には埋め難い溝があるように思われる。しかし、もし私たちが戦争をなくしたいと本気で考えているのであれば、「それでもなお戦争が起こる」という現実に目を向けることから始める必要がある。

■ 「戦争反対」

　2015年夏、安全保障関連法案の審議から可決にいたるまでの間、連日のように国会前で安保法案に反対するデモが行われ、何万人もの人が街頭に出た。人々はさまざまな理由で安保法案に反対し、その点において一致していた。安保法案に反対する理由として叫ばれたスローガンの一つは、「戦争反対」だった。

　まず事実として、安保法制によって自衛隊を今までよりもっと柔軟に運用することが法的に可能になった。武力行使が許容される幅が広がっただけではなく、他の国家の軍隊との軍事行動を共にできる範囲が拡大し、国連平和維持活動においても武力行使を念頭に置いた活動が認められるようになった。

　武力行使が許容される範囲が拡大すれば、それだけ武力行使が行われる機会や可能性が高まると考えられるかもしれない。この考えか

ら、「武力行使の範囲拡大を企図した安保法制は戦争を行うことを可能にするので、結果として戦争を行う可能性が高くなる、ゆえに戦争反対の立場から安保法制に反対する」という考えが導き出されるだろう。

◼︎「戦争をできる」と「戦争をしよう」
―― 「能力」と「意図・意思」

「戦争反対だから安保法制に反対する」という考え方には十分な説得力がある。しかし、ここで考えなければいけない点がある。「法的に戦争ができる」ことが、そのまますぐに「戦争をする」につながるわけではない。このことは何を意味するのか。

例えば、隣の家の庭に柿の木があり、実が成っているとしよう。「隣の家の庭に無断で入って柿をとってくる」という行為は、ある意味では「できる」ともいえるし、別の意味では「できない」ともいえる。また、その行為を「しようとする」か「しないでおく」かは、その人の意図や意思によるのであり、単にできるかできないかの問題ではない。

ここで指摘したいことは、次の2つである。

 1. 「できる」に2つの意味がある。
 2. 「できる」と「しよう」とは違う。

以下、順番に見ていこう。

まず、「できる」の2つの意味は、「その措置を執ることが法的に許容されるので、できる」と、「措置を執るに足る能力を持っているので、できる」である。安保法制が施行された今、「法的にできる」は成立した。そして、次は「実力的にできる」ということが問われる。ここでは、「実力的にできる」というのは、「何かを成し遂げるに十分な能力を持つ」ことが前提となる。具体的には自衛隊による軍事作戦遂行能力の向上を意味する。武力行使には、武器や兵器（「防衛装備品」）の充実だけではなく、関係諸国との連携や、指揮・統制、コミュニケーション、コンピュータ、相互運用性、諜報、標的補足、

監視、偵察、サイバーなど、さまざまな能力を保持していることが求められる。それがどのように具体的に行われているかについて、私たちが目にしたり耳にしたりすることは少ないように思われる。確かに、国家の安全保障に係る軍事機密事項として表に出ることはないかもしれない。しかし、ひょっとしたらこのことが、人々が政府や自衛隊に対して不信感を抱く原因の一つなのかもしれない。

次に、「できる」と「しよう」の違いを考えよう。武力を行使することが「法的にできる」ようになり、また「実行できる」ようになったとしても、武力行使をむやみに「しよう」とするかどうかは別問題である。「銃を持っていたら使いたくなる」という心理を持つ人はいるかもしれない。「はじめは物を標的として、次は動物、最後は人間と、どんどんエスカレートする」という話を聞いたことはないだろうか。事実、そのように行動する人がいる可能性は否定できないところではあるものの、そのような人がどれくらいの割合でいるかどうかは実証的な研究として興味深いところである。

ここで強調したいことは、「すべての人がある一定の考え方通りに行動する意図や意思を持つかどうかは議論の余地がある」ということである。むしろ、もし銃を持っていたとしても、多くの人は興味本位で他の人を撃とうと意図したり、また撃とうという意思を持ったりしないのではないだろうか[*1]。これと同じように、もしまともな国家や政治共同体であれば、武力行使の範囲拡大によって「できる」を獲得したといっても、常に武力行使を「しよう」という意図や意思を持つとは限らないだろう。

もうひとつ重要なことは、「できる」と「しよう」の両方、つまり能力と意図・意思の両方が揃ったときに、実際に戦争が起こされる条件が整うということである。これこそ、何としても避けるべき状況である。私たちはそのための努力を惜しむべきではない。

■ 「意図・意思」のチェック

見方を変えると、安保法制は、「武力行使を「しよう」という意図

や意思に基づいて、「できる」ように法的整備を行った」という議論も成立する可能性がある。否、ひょっとしたら、仮に近い未来に身を置いてみて後知恵として振り返って考えてみると、こちらの方が歴史的な事実として解釈されることになるのかもしれない。

しかし、ここで問題なのは、政府が具体的に何を「しよう」と考えているのかである。防衛なのか、侵略なのか、それとも搾取なのか。言い換えれば、単に「戦争をしよう」なのか、「国家を防衛するよ」なのか、「海外に自衛隊を派遣することで実戦経験を積もう」なのか、「同盟国や友好国との軍事協力を拡大し、深めよう」なのか。一口に「戦争をしよう」と言っても、その考えられる意図はこれほど多様である。政府の「意図と意思」、つまり「政府は何をしようという意図や意思を持っているのか」について批判的な眼差しを向けることは、実は戦争を起こさないための一つの有効な方法であるように思われる。

政府が「戦争をしよう」という意図・意思を持たないようにさせること、またそのような意図や意思を持つことを予防・抑止・阻止することこそが、戦争を避けるための有効な方法と考えるのではないだろうか。

■ 「戦争をする」と「戦争に巻き込まれる」は違う？

多くの人々は、日本が「戦争をする」ことを危惧していることを危惧しているかもしれない。他国への侵略行為は悪いことであるし、戦争が起これば人々が死傷したりいろいろな器物が破壊されたりする。もしそれが自分の身に降りかかってきたり、自分の身の回りに起きたりしたら、誰もが嫌だと思うだろうし、困ってしまうだろう。

日本国憲法第九条には、「国権の発動たる戦争と、武力による威嚇又は武力の行使は、国際紛争を解決する手段としては、永久にこれを放棄する」とある。つまり、これにより「日本は戦争や武力による威嚇や武力の行使はしないし、それらは法的に許容されていない」ということがいえる。

しかし、「戦争をする」ことと「戦争に巻き込まれる」ことは同じ

ではない。「戦争をする」は「自発的に戦争を起こす」を意味し、そこに積極的な意図が見える。「戦争に巻き込まれる」は「戦争をしかけられる」を意味し、そこに自発性や積極性は見えない。つまり、「戦争をしなくとも、戦争に巻きこまれることがある」ということは否定できない。

　「戦争をしないのに戦争に巻き込まれる」とはどういう意味だろうか。戦争をしないようにしよう、戦争に巻き込まれないようにしようという意図や意思があるにもかかわらず、他国からの侵略が行われる場合があるかもしれない。その場合、「その侵略に対する国家防衛のために武力の行使が必要となり、行使せざるを得ないような状況に陥る」という意味として理解できるだろう。戦争をしたくなくとも、戦争をすることを意図したりそのような意思を持っていなかったりしたとしても、戦争をしないという意思に反して戦争に巻き込まれてしまう。この構図は、日本が侵略戦争を起こすことと比べると、はるかに現実的だろう。

　繰り返しになるが、「戦争に巻きこまれない」ようにするのがいちばんである。そのためには、さまざまな非軍事的な手段や方法によって戦争を予防、抑止、阻止することが最も重要である。しかし、それでもなお、意志に反して「戦争に巻き込まれてしまう」という状況を完全に避けるのは非常に難しいように思われるが、そのための努力は惜しまず行われるべきである。それでもなお、戦争を避けるためのあらゆる非軍事的な手段や方法が尽き、戦争に巻き込まれるかもしれない。では、侵略が行われた場合にはどうしたらよいのだろうか。たとえ自衛のためであれ国家による武力の行使に同意も納得もできなくとも、たとえ武力の行使が私たちの信念や意志に反するとしても、たとえ武力の行使が悪だとしても、侵略をそのままにすることによって私たちの生命が危険に晒され、基本的な権利を失うことになるのであれば、武力を行使して対処することが道徳的に許容されたり、または要請されたりする場合もなるのではないだろうか。

■「より少ない悪」

「戦争を考えることによって戦争をなくす」という考えを下支えする考えの1つに、「より少ない悪」という考え方がある。例えば、2つの「悪い行い」があるとしよう。どちらの行いとも、「悪い」という点では同じである。しかし、それぞれの行いの「悪」の質や量（例えば、強度や規模）は異なってくるかもしれない。ここではその理由について詳細な検討は行わないが、次に具体的な例をあげる。相手に対して傷害を加える行為一般の悪と、強姦や拷問の悪を比べることはできるのだろうか。前提として、どちらも暴力であり、悪であることは同じである。また、一般的な傷害行為も強姦や拷問も、相手の同意のない、または意に反するところで行われる暴力である。しかし、強姦や拷問は、被害者を精神的に屈服させるだけではなく、「もっと抵抗できたかもしれないのに」という罪悪感や屈辱的な感情を押し付けることになる。ここにおいて、被害者は、意図せずまた不本意ながら、加害者の悪行に加担させられ、共犯者であるかのような構図に取り込まれてしまう。この点において、強姦や拷問の方が、一般的な傷害行為に比べて「より悪い」という議論ができる[*2]。

■「より少ない悪」という考えが示唆すること

「より少ない悪」という考えは、必ずしも二者択一を迫るものではない。実際には、選択肢が複数あることの方が多いだろう。もし目の前に「善」と「次善」と「悪」と「最悪」という4つの行動の選択肢があり、どの選択肢でも自由に選んで何の困難もなく行動に移せるのであれば、どの選択肢をとるべきかについて迷う人は少ないだろう。言うまでもなく、「善」を選択し、行動に移すべきである。

しかし、世の中は常にそのような理想的なものではない。私たちが悩むのは、何らかの理由で「善」や「次善」の行動が選択できない、または「善」や「次善」の行動が失敗した場合である。そこには、「悪」と「最悪」という2つの行動の選択肢しか残されていない。

ざっくり言うと、「進むも地獄、退くも地獄、止まっているのはもっと地獄」というような状況を想定してほしい。そのような状況においてもなお、意思決定と、何らかの行動をとることが迫られるとしたら、私たちはどのような意思決定を行い、どのような選択肢を選び行動に移すべきだろうか。ここにおいて「より少ない悪」という考え方が活きてくる。

　私たちが地獄の中でも意思決定を迫られる状況において、「より少ない悪」という考え方を取り入れると、どのようなことが言えるだろうか。まず、私たちの目の前には、とることが可能な多くの選択肢があることを認識することから始まる。次に、それぞれの選択肢を「悪の度合い」によって順位付けする。具体的には、「最悪」から「最も少ない悪」を特定し、順序付けて並べることができる。その上で、「最悪」を避けることを目指す。ここから時間の流れに沿って考えていこう。初動で避けるべきことは、とにかく「最悪」を避けることである。そのためには、先に順位付けした選択肢の中で「最も少ない悪」を選択し、それを試みることである。もし「最も少ない悪」を選択することによって状況が収まれば、いずれにせよ起こり得る悪を最も少なくできる。しかし、初動における「最も少ない悪」を生じさせる行動が問題の解決に資さない、または効果的ではない場合、次の段階においては、「最も少ない悪に次ぐ悪」を選択することによって、やはり「最悪」は避けることができる。ここで注意すべきは、「最悪の選択肢」というのは必ずしも何らかの行動をとることとは限らない。その意味は、「行動しないこと」が最悪の選択肢になる場合があるということである。例えば、リスクをとることを避けて何も行動しないという選択をしたがために戦争に巻き込まれてしまうことになるかもしれない。

　しかし、事が済んだ後に振り返ってみると、結果として最悪の状況になってしまった、最悪の選択をしてしまったということは起こりえるかもしれない。「あの時ああしておけば今の最悪の状況は避けられたのに……」と思ったことはないだろうか。

あたりまえながら、未来のことは分からない。予測はできるかもしれないが、それが的確かどうか分からない。見込みは立つかもしれないが、想定とは異なる状況が発生することもある。では、「未来のことなんて分からないのだから、ある選択が最悪かどうかなんて分からない。だから、順序付けなんてできないし、順序付けする意味なんてない」といえるのだろうか。

　確かに、最悪を避けるために順序付けを行う努力をし、そのように行動した場合も、そのような行動をとらなかった場合も、実際の結果だけを見てみれば同じく最悪の結果だったということは起こりえる。しかし、最悪を避けるための行動をするという意志を有しているか否かは、その人に対する評価にかかわってくる。最悪を避けるという行為は「よく生きる」という視点から見ると価値があり、肯定的に評価できる。また、最悪を避けるという意志もまた、同じ理由で価値があり、評価できる。最悪を避けようと意図し、そうしようという意思を持ち、最悪を避ける意志を有し、そのように行動する人は、そうではない人に比べると、「立派な人」として評価されるだろう。このことは、政治指導者や軍事指揮官といった公的な立場にある人々、そして私たち誰にでもいえる。

　「より少ない悪」という考えを戦争にあてはめると、次のように言うことができる。「すべての戦争をなくすことはできないかもしれないが、いくつかの戦争を予防したり阻止したりすることはできる。たとえ戦争が起きたとしても、その戦争による被害や破壊をなくしたり減らしたりすることはできるかもしれない」と。

■ 戦争が悪であるならば避けなければならない

　私たちは、「戦争は悪い」と考える。では、なぜ、どのような点で戦争は悪いのだろうか。「戦争は悪である」という主張の背景には、複数の理由があるだろう。ここでは、それらの理由について検討してみよう。

　まず思い浮かぶのが、「人が死ぬから」という理由があげられる。

確かに、これまで戦争によって、兵士、非戦闘員を問わず、多くの生命が奪われ、戦闘やそれに関連する状況下において数多くの人々が生命を落としてきた。100年以上前に起こった第一次世界大戦での「ソンムの戦い」では、たった1日で1万人以上の兵士が死傷したこともあった。また、第二次世界大戦でのドレスデン爆撃や東京大空襲では、数万人規模の民間人が死傷した。さらに、直接の戦闘の犠牲にはならなくとも、戦争がもたらす食料難や衛生状態の悪化により、栄養失調やその他の疾病によって死亡する人々も数多くいた。

また、人が死傷することと関連して、「物が破壊されるから」という理由があげられる。例えば、原爆で失われたものは何だろうか。人々の生命や健康だけではない。建物だけではなく、道路、鉄道、橋、その他の公共施設といった社会基盤を含む器物が破壊された。さらに、自然環境や動植物も甚大な被害を受けた。加えて、後世に生きる人々にまで負の影響を与えることになったのである。そして、近年のシリアやイラクの例をあげるまでもなく、遺跡などの文化遺産や文化財もまた、戦争によって失われたり被害を受けたりした。

人々が死傷したり、器物や自然や文化遺産が破壊されたり損壊したりするのは戦争だけだろうか。戦争をしていない「平和」な時でも、多くの人々は死傷し、器物が大規模に破壊される場合もある。例えば、1918年に全世界的に大流行したスペインかぜは、数千万人の生命を奪った。また、2011年3月の東日本大震災とそれによって引き起こされた津波によって数万人規模の人々が死傷し、その何倍もの人々も被災した。また、数多くの建物が地震によって倒壊したり、津波によって流されたりした。さらに、世界中に偏在する貧困や飢饉といった「構造的暴力」により、現在でも多くの人々の生命が奪われている。

伝染病の蔓延や自然災害は自然によって起こされる災害、つまり「天災」であって、戦争は人間が起こす災害、つまり「人災」であるという区別ができるかもしれない。確かに、「天災」の直接の原因は自然にあり、人間には責任がないといえるかもしれない。逆に、「人

災」である戦争の直接の原因はそれを起こし遂行する人間にあるといえるかもしれない。このことは、「戦争は悪い」という議論を下支えする理由の一つにあげられる。

とはいえ、上記のような区別ははたしてそれほど明確にできるのだろうか。「天災」による被害を完全に防ぐことはできないかもしれないが、それをなくしたり軽減させたりするのは人間の責任である。天災を起因とした被害が拡大する背景には、私たち人間の責任がある。同じように、人間が起こす戦争であっても、戦闘による人々の死傷や器物の破壊をなくしたり軽減させたりするのは、私たち人間の責任ではないだろうか。このテーマは非常に重要であると思われる、本書において検討すべき射程を超えており、残念ながら今後の検討課題とし、本書では戦争についていくことにしたい。

■ 戦争について考えよう

本章では、「戦争とその悪について考えること」を論じた。考えるとはどういうことかについて議論を通して検討し、考える方法や手順を提示した。そのために、戦争を取り巻くさまざまな考えを倫理学の視座から読み解き、戦争とその悪について考える意義を論じた。

戦争では人々が死傷し、また器物が破壊される。何らかの政治的な目的を達成するために戦争は行われる。その目的は、例えば領土の拡大や資源の奪取の場合もある。そのような戦争において、敵側の人々を死傷させたり器物を破壊したりすることは、戦争の目的を達成するための手段となる。また、戦争の目的が、敵側の人々を死傷させたり器物を破壊したりすること自体になることもある。私たちはこれらの戦争の目的を「悪いこと」として考えるだろう。戦争が悪いことであれば自らが行わないことに越したことはない。また、もし良心を持つ人であれば、他の人が戦争を行うことについても悪いと判断し、非難に値すると考えるだろう。もっといえば、そのような戦争が起きないように防ごうとしたり止めようとしたりするかもしれない。

とすると、次のように言えるだろう。まず、私たちは戦争を悪いも

のという、善悪や正不正に関する価値についての判断（道徳判断または倫理判断）を行う。次に、その判断は、「悪いことは行わない方がよいし、また行われない方がよい」という道徳的価値を実現し、実践するための方向付けを行う。

　次章では、「平和」、「戦争」、そして戦争の悪のひとつである「剥き出しの非対称性」の特徴について見ていく。

【注と文献】
* 1　詳細な議論は、デーヴ・グロスマン『戦争における「人殺し」の心理学』（ちくま学芸文庫、2004年）を参照されたい。
* 2　詳細は、眞嶋俊造『正しい戦争はあるのか？――戦争倫理学入門』（大隅書店、2016年）、第5章3節を参照されたい。

第2章

「平和」、「戦争」、「剥き出しの非対称性」

　私たちは、何らかの特定の文脈や構造における「プレイヤー」ないし参加者として、常に非対称な状況や関係の中で生きている。それは、平和な時であっても、戦争（武力紛争）の時であっても同じである。例えば、野生動物の世界という文脈の中でライオンとシマウマとの関係について考えてみよう。ライオンがシマウマを狩る状況では、前者と後者との間に「狩る側と狩られる側」という関係がある。ここにライオンとシマウマとの間に非対称的な状況や関係（＝非対称性）を見ることができる。

　また、初等教育という文脈や構造を考えてみよう。小学校の教諭と児童との間には、「勉強を教える側と教わる側」という点で非対称性な関係（＝非対称性）を見ることができる。

　さらに、戦争や戦闘という文脈や構造を考えてみよう。武装した兵士と非武装の民間人との間には、「相手を攻撃したり相手の攻撃を防御したりできる武器を持つ者と持たない者」という点で非対称性を見ることができる。これらのうち、どれが「剥き出しの非対称性」であるかについてはさしあたり置いておく。というのは、今後の議論を通して明らかにしていくからである。

　本章では、今後の議論を進めるにあたり、まず、「平和」、「戦争」、「剥き出しの非対称性」に関わる根本的な問いについて答える必要がある。以下、順に見ていこう。

■ 「平和」、「戦争」、「剥き出しの非対称性」の特徴の理解

　「剥き出しの非対称性」から戦争と平和を考えるにあたっては、「剥

き出しの非対称性」、「戦争」、「平和」という最も重要なキーワードについて、さしあたっての理解や認識を共有していく必要がある。というのは、もしそれらについての理解や認識が共有されていなければ、議論がかみ合わなくなったり、すれ違うおそれがあったりするからである。ゆえに、以下では、「平和」、「戦争」、「剥き出しの非対称性」ついて順に検討していこう。

■ 「平和」の特徴と理解

はじめに「平和」について考えよう。「平和の誓い」、「平和への祈り」、『永遠平和のために』という言葉を耳にしたことがあるかもしれない。また、平和の象徴として白いハトを連想するかもしれない。それでは、一体平和とは何なのだろうか。

一般的に、「平和」は「戦争」と対置されることが多い。例として、19世紀ロシア作家トルストイの著作をあげることができる。また、本書も「戦争」と「平和」を対置して、「戦争と平和を読み解く」や「平和のために戦争を考える」とった言い回しを用いている。すると、「平和」とは「戦争ではないこと」、または「戦争ではない状態や状況」と考えられるかもしれない。

しかし、これでは、「平和とは何か」という問いに対しての十分な回答ではない。そもそも「平和」を「戦争ではない状態や状況」と定義すること自体が有益な方法なのだろうか。もし私たちが戦争について異なった理解や認識をしているのであれば、そう（＝戦争）ではない状態や状況についての理解や認識も異なるだろう。だとすると、そのような定義は平和について理解を深めるためにはあまり有効な方策ではなさそうである。

「平和」を「戦争ではない状態や状況」とした場合を措定した場合はどうだろうか。その場合、もし「戦争」についての理解や認識が異なっていたら、「平和」が何であるかという理解や認識も異なってくるおそれがある。それでは、「平和」を「ある国の平和」とした場合はどうだろうか。もしその国が戦争ではない状態や状況であるとすれ

ばその国は「平和である」といえる。しかし、もし「平和」を「世界平和（全地球規模での戦争がない状態や状況）」とした場合はどうだろうか。たとえ地球上の大多数の国では戦争がない状態や状況であったとしても、どこかの国で戦争が行われているのであれば「平和である」とはいえない。もっと言えば、ある国家が圧倒的に強大な軍事力を保有することによって、その国家と戦争を起こすことがあまりにも割に合わないために戦争が起きない状況（抑止）もまた、必ずしも平和とはいえないのかもしれない[*1]。

ここで、少し視点を変えて考えてみよう。もし「誰にとっての平和か」という視座から「平和」を考えるのであれば、「戦争による直接の被害を過去に受けた、現在において受けている、未来において受けるかもしれない人々が、これからにおいて被害を受けないような状態や状況」を「平和」ということができるかもしれない。

さて、「被害」という厄介な考えが出てきた。なぜ厄介かといえば、この考えは平和の概念を拡大させる可能性をはらんでいるからである。一方で、被害には、死傷や虐待や器物の損失・損壊といった物理的な被害がある。不当に受けた被害や損害は、何らかの形で償われることが正義に適うと考えられる。しかし、死者を生き返らせることは（今のところ）できないし、重傷を受けた場合には後遺症が残ることがある。また、器物の損失や損壊は復元できないことや、同等の代替物が存在しない場合もあるだろう。とはいえ、物理的な被害は、何らかの形——例えば、謝罪や補償——で被害の代償を提供し、被害者-加害者関係を修復することによって和解を達成し、平和の回復が図られることがある。

他方で、心理的・精神的な傷という被害もある。物理的な被害に対しての謝罪や補償が、被害者の心理的・精神的な傷を回復し、加害者と被害者の関係を修復できるかどうかというと、常に必ずしも回復できるとは限らない。もしそうであるならば、被害者は、何らかの形で加害者を赦すことができるまでは（自身の心の）平和を獲得できないということになる。また、加害者が改心し、償いを果たしたとして

も、被害者からの赦しがなければ、加害者は平和を獲得できないということになる。このように心理や感情を根拠として平和を理解することも可能である。しかし、そのような平和は個々人の心情や感情に大きく依存するがゆえに、赦さざる者、赦されざる者の双方に無間地獄への扉を開くように思われる。

　どうやら、平和の概念についての議論が個人の心情や感情にまで及んでしまったが、実は個人の心情や感情が平和や戦争の概念にもっぱら関わってくるわけではない。むしろ、そうであってはならない。もし個人の心情や感情のみに依拠して平和や戦争の概念が規定されてしまったら、「平和がいいよね」「戦争は嫌だね」といった感情論や印象論に陥ってしまう危険がある。もしそうなると、事象としての平和の本質にたどり着くことができないおそれがある。そこで、平和を考えるにあたっては、自らの心情や感情から一歩距離をおいて、一息おいてから、ある意味で醒めた視座から考える必要がある。

　ここで、もう一度、平和と戦争と対置してみよう。戦争と平和の間には、「平和とは言えないが、かといって戦争ではない」または「戦争ではないが、かといって平和とは言えない」ような、何かグレーな状態や状況が存在する。それは、平和とはいえず、また戦争という状態や状況ではないところでの、「武力（軍事力）の行使」や、「明白かつ深刻な、差し迫った武力行使のおそれがある状態や状況」である。戦争では武力が行使されるが、一回限りや限定的な武力行使のものすべてが戦争というわけではない。確かに、武力行使が戦争をひき起こすきっかけや、開戦の理由または口実として使われることもある[*2]。しかし、武力行使そのものが戦争をひき起こすとは限らないし、そのような状態や状況を決して平和とは呼べない[*3]。また、「はったり」ではなく、武力の行使が明白かつ深刻で差し迫っているような状態や状況もまた、平和であるとはいえない。

　ここまで、「平和」についての特徴について理解を深めるために議論を進めてきた。これまでの議論を通して分かったのは、戦争とも平和とも呼ばないような、戦争までには至らないような一回性の武力行

使や、武力の行使が明白かつ深刻で差し迫っている状態や状況、つまり戦争と平和の間にある「グレーゾーン」な状態や状況があるということである。ひょっとしたら、このような天国でも地獄でもない煉獄のような状態な状況こそが、「剥き出しの非対称性」という視座から戦争と平和を考えるに、戦争と同じまたはそれ以上に憂慮すべきことなのかもしれない。

ひょっとしたら「平和」でも「戦争」でもない「グレーゾーン」という状態や状況を手がかりとして、平和を特徴づけることができるかもしれない。平和とは、「戦争状態でも、グレーゾーンの状況や状態でもない、状況や状態」といえるだろう。

そして、「グレーゾーン」の状態や状況とは、「戦争状態とはいえないが、政治的な目的を達成するために暴力が用いられている状態や状況」といえる。具体的には、「一回性または単発的な武力行使」「テロ行為」「ゲリラ活動」「暴動」「反乱（insurgency）[*4]」「標的殺害（targeted killing）[*5]」「他国への軍隊の派遣」「偶発的な武力衝突」「ジェノサイド（大量殺害：genocide）[*6]」「民族浄化（ethnic creansing）[*7]」「（他国や、敵対する非国家主体による）占領」「政府による弾圧・迫害」「（軍隊や治安部隊による）平和維持（peacekeeping）[*8]」そして「武力行使が明白かつ差し迫った状況」など[*9]が該当するだろう（図2）。

このように、戦争そのものではないし、または必ずしも戦争時とはなくともさまざまな形で組織的な暴力が行使される状況や状態を、戦争でも平和でもないグレーゾーンということができる。とはいえ、「戦争状態でも、グレーゾーンの状況や状態でもない状況」を「平和」の特徴としてそのまま用いるには注意が必要である。その理由は、「武力行使が明白かつ差し迫った状況」をどのように理解するかが大きな問題となりうる点にある。というのは、武力や暴力の行使は、空爆や砲撃や銃撃といった誰の目にも「実際に見えることがら」によって理解できるものの、「武力の行使が明白かつ深刻で差し迫っている状態や状況」は武力の行使そのものが生じておらず。そのような状態や状況をどのように理解するかについては人々の認識の間で大きな差

平和	←　（グレーゾーン）　→	戦争　（武力紛争）
	一回性または単発的な武力行使 テロ行為 ゲリラ活動 暴動 反乱 標的殺害 他国への軍隊の派遣 偶発的な武力衝突 ジェノサイド（集団殺害） 民族浄化 他国や、敵対する非国家主体による敵対的占領 政府による弾圧・迫害（軍隊や治安部隊による） 平和維持 武力行使が明白かつ差し迫った状況	侵略 軍事侵攻 軍事介入 継続的な軍事作戦

図2　「平和」と「戦争」と「グレーゾーン」

Aという国家とBという国家の間で何らかの政治的な係争事項が存在
両国共に外交や他の平和的手段や非強制的手段による係争の解決を断念

1）国交断絶、臨検・飛行禁止区域の設定
2）両国が接する国境地帯に、大規模な軍事侵攻作戦を遂行するに足る兵力が展開
3）どちらかまたは両国共に、係争事項の解決のためにあらゆる手段を用いる旨の最後通牒

武力行使
（→しかし、**武力行使が戦争につながるとは限らない。**）

図3　武力の行使が明白かつ深刻で差し迫っている状態や状況

が生じるおそれがあるからである。
　では、「武力の行使が明白かつ深刻で差し迫っている状態や状況」とは一体どのようなものなのか。次の例から考えてみよう（図3）。Aという国家とBという国家があるとしよう。また、両国の間で何らかの政治的な係争事項が存在するとしよう。そして、両国共に外交

による係争の解決を断念したとしよう。まず、1) 国交が断絶され、臨検・飛行禁止区域の設定が行われたとしよう。次に、2) 両国が接する国境地帯に、大規模な軍事侵攻作戦を遂行するに足る兵力を展開したとしよう。最後に、3) どちらかまたは両国共に、係争事項の解決のためにあらゆる手段を用いる旨の最後通牒を相手国に行ったとしよう。このように、3) の段階であれば、明らかに「武力の行使が明白かつ深刻で差し迫っている状態や状況」といえるだろう。しかし、1) までの段階であれば、必ずしもそのような状態や状況とはいえない。問題は、2) を巡る段階がそのような状態や状況に該当するのかどうかである。これは判断や評価が分かれるもしれない。実際には個別事案毎の文脈の中で判断・評価すべき事項であると思われるので、ここではさしあたって留保としておこう。まさに、「武力の行使が明白かつ深刻で差し迫っている状態や状況」は、「グレーゾーンの中のグレーゾーン」といえるだろう。

　上記のことからわかるのは、戦争の一歩手前には、平和ではない状態や状況があるということである。特に注目すべきは、戦争にいたるかどうかは分からないが、そのきっかけとなるかもしれない一回性の武力行使や偶発的な武力衝突、武力の行使が明白かつ深刻で差し迫っている状態や状況があるということである。

　これまで、戦争の特徴付けを踏まえずに平和の特徴について考えてきた。その中で、戦争と、一回性または単発的の武力行使や偶発的な武力衝突といったグレーゾーンを分けて論じた。次節では、「戦争」の特徴を考えることにより、「戦争」についての理解を深めていきたい。

■「戦争」の特徴と理解

　「戦争」とは、一体どのようなものであろうか。一般的な定義として、戦争とは、「国家や国家集団の間でおこなわれる「武力紛争 (armed conflict)」、または「2つ以上の国家の軍隊の間で行なわれる継続的な交戦状態」といえる。最も特徴的な事例として、第二次世界

大戦（1939-45 年）、第四次中東戦争（1973 年）、イラン・イラク戦争（1980-88 年）などをあげることができる。それらの戦争は、国家や国家集団が紛争当事者となって行われた、典型的な国家または国家集団間の武力紛争である。それらを「国家間武力紛争（inter-state armed conflict）」と呼ぼう[*10]。

しかし、戦争はそれだけではない。ある国家内で行われる武力紛争もある。それは「内戦」と呼ばれることがある。典型的な内戦は、正統な政府と、その政府の正統性に異を唱え、対抗する政治共同体または非国家主体の間の武力紛争である。例えば、第二次世界大戦後の中国大陸での国共内戦（1945-50 年）[*11]やコロンビア内戦（1964-2017 年）[*12]をあげることができる。このような武力紛争を「国家内武力紛争（intra-state armed conflict）」と呼ぼう。

また、ある国家の内戦に他の国家や国家集団が紛争当事者として介入するような、国家間武力紛争と国家内武力紛争が複合的に組み合った武力紛争もある。その例として、ベトナム戦争（1955-75 年）[*13]や、カンボジア内戦（1967-93 年）[*14]、コソボ空爆（1999 年）[*15]、またシリア内戦（2011 年-）[*16]をあげることができる。

さらに、国家ではない政治共同体や非国家主体が、国家の国境を越えて、国家や他の政治共同体との間で武力紛争を起こすことがある。そのような政治共同体ないし非国家主体として、2014-17 年にわたりシリアとイラクに跨り広大な支配地域を有した「イスラム国」[*17]をあげることができる。このような形態の武力紛争を「国家横断型武力紛争（trans-national armed conflict）」と呼ぼう。

このように、戦争にはいろいろな形態がある。しかし、すでに論じたように、すべての武力や軍事力の行使、または戦闘が戦争であるとはいえない。それでは、戦争はどのように定義することができるだろうか。著者は以前、「戦争」を次のように定義した。

　　行為主体としての複数の政治共同体を当事者とし、ある政治的な目的を達成するための手段として、各政治共同体のみならず他の

行為体や行為者によって正当化され、またそれらの間でなされる集団的行為であり、状況によっては敵陣営のみならず自陣営の構成員を死に至らしめることも厭わず、また相手の意思にかかわらず、武器や兵器という手段を用いた物理的強制力の行使[*18]

　上記の定義は、戦争をケンカやマフィアの抗争やスポーツとの類似点と差異点を検討することによって導き出したものである。この定義とその導出にあたっての議論は今でもある程度の妥当性を持っていると信じているが、戦争の定義を行うことは非常に困難である。例えば、上記の定義では、「戦争」と「戦争手前にあるかもしれない武力行使」との区別ができない。

　以下においては、戦争を再定義することはせず、戦争についての理解を深めるために、戦争の特徴を考えていくことにしたい。戦争の理解を深めるためには、私たちの身近で起こる争いや、戦争と似ていたり、戦争に例えられたりするような行いとの比較と類推を用いることが有効であるかと思われる。その中でも、スポーツ、特に野球やサッカーやラグビーといった団体対抗で行う競技スポーツが、さしあたりの見込みとして戦争を特徴づけることができるような期待を抱かせる。というのは、例えば、プロ野球では「オープン戦」「交流戦」「公式戦」という言葉が普通に用いられており、それに対して大きな違和感を持つ人は少ないと思われるからである。それと、剣道などに代表される競技スポーツとしての武道は、もともとは戦闘の方法や手段を身に着けるための修練であったため、武道を戦争との比較と類推に用いて検討することは、戦争を特徴づけていくのに有効であるように思われる。

　また、もうひとつの作業として、戦争の特徴付けを行うにあたって、先の戦争の定義において修正すべき「物理的強制力」について考えてみたい。

■「戦争」を理解するために
——競技スポーツとの類推

 では、戦争とスポーツとの比較と類推から話を進めたい。「スポーツと戦争は似て非なる」と言ったら、どのように思うだろうか。「そもそも似ているのか」という批判があるかもしれない。その批判に応えるには、「想定するスポーツの種類によって類推が有効な度合いが異なってくる」という仮説から出発して検討しよう。

 はじめに、マラソンやリレー走のような陸上競技を考えてみよう。それらの競技では、個人（選手）や個々のチーム（複数の選手）が特定の集団（選手集団）の中で、出場選手を直接の競争相手として、また間接的には過去の記録保持者を競争相手とする。競われるのは、決まった距離を走る時間の早さである。そしてその時間の早さによって記録や順位が競われる。すると、陸上競技と戦争との類似点はあまり見えてこない。

 次に、団体スポーツの球技はどうだろうか。例として、野球、サッカー、バレーボール、バスケットボール、ラグビーなどをあげることができる。その中でも、直観としておそらく戦争に最も近いと思われるラグビーを考えてみよう。1）ラグビーは、攻撃と防御が同時に行われ、また無用に力加減せずとも相手に直接接触することができる「フルコンタクト」スポーツである。一定の条件下ではあるが、ボールを持っている相手に対してタックルをすることができる。これは、自分のチームに対する相手側の攻撃を阻止するために、相手の意思に反する物理的強制力の行使を行い、無力化を図る行為である[*19]。2）また、ラグビーの試合は、選手が所属する集団（チーム）の勝利（または少なくとも敗北しないこと）を目的として行われる。3）さらに、個々の選手は、例えば主に攻撃に参加するフォワードや主に防御を担うフルバックといった、試合の中で特定の役割を負うポジションにつき、チームの勝利という共通の目的の実現のために共同行為を行う。ラグビーは上記の3点において、まさに戦闘行為に近いように思わ

れる。しかし、戦争での戦闘行為と異なるのは、ラグビーでは武器を用いてはならないが、戦争ではほぼ常に武器が用いられる。

　ならば、もともとは戦闘行為の訓練である武道や格闘技といった競技はどうだろうか。その中でも、剣道が好例だろう。剣道は、竹刀という相手を攻撃するための「道具」を使う点で、柔道や空手道やレスリングといった他の武道や格闘技と異なる。竹刀は相手を攻撃することにも使えるし、また相手の攻撃を防御するためにも使える。つまり、竹刀に攻撃型の武器と防御型の武器の類推を見ることができる。さらに、団体戦を想定すれば、かなり戦争における戦闘行為に近いようにも思える[*20]。しかし、剣道と戦闘の決定的な違いは、剣道は個人競技であるが、戦闘は基本的に集団行為であるという点にある。また、剣道は、竹刀の仕様や防具の種類もルールにより厳格に規定し、「道具」の差が試合の勝敗に与える影響を少なくすることで「形式的な対称性」を担保し、選手の能力によって勝敗が決するように設計されている。しかし、戦争では、必ずしも用いられる武器や兵器の種類やスペックが交戦勢力の間で同じとは限らない[*21]。

　そもそも競技スポーツにおける試合では、形式的な対称性が担保されている。というよりも、ルールによってそのように設計されている。例えば、サッカーを考えてみよう。試合は11人で行われ、そのうちの1人はキーパーである。このルールが試合に参加する両チームに適応される。そして、試合の流れは、前半45分（プラス、ロスタイム）、後半45分（プラス、ロスタイム）、決着がつかない場合は引き分けとしたり、延長戦を行ったり、PK戦によって勝敗を決したりする。では、戦争においてはどうだろうか。戦争における形式的な対称は、ほぼあり得ない。交戦国同士が同程度の軍事力を持っているとは限らない。また、「交戦国や交戦勢力間において戦闘員や兵器の数が同じでなければならない」というようなルールはない。さらに、時間的な「流れ」や、戦争を行う期間に決まりはない。加えて、特定の場所で戦争を場所も指定されることはない。つまり、戦争では、競技スポーツの試合とは異なり、形式的な対称が担保されているとは限らない。

戦争と競技スポーツの決定的な違いは、その行為におけるルールの位置づけにある。具体的には、「競技スポーツではルールを守らないと試合が妨げられたり成立しなかったりするが、戦争ではルールを守らなくてもその遂行が妨げられたり成立しなかったりするとは限らない」という点である。例えば、ラグビーの試合は 15 人が選手として出場するというルールがある。16 人以上は出場できないにもかかわらず、もしそれ以上の選手が参加したら、それは公式に認められるラグビーではなく、公式な試合として成立しない。戦争にも、「武力紛争法（law of armed conflict）」[22] や「慣習国際人道法（customary international humanitarian law）」[23] といったルールは存在する。しかし、それらを遵守しようが違反しようが、（遵守や違反がよいことか悪いことかの価値判断はさしあたり置いておいて）戦争は成立する。もっと言えば、戦争の開始や終結、また戦い方に関するルールが存在しないところにおいても（少なくとも交戦相手がいれば）戦争は成立するといえるだろう。

　また、競技スポーツと戦争との違いとして、「審判員の存在とルール違反に対する強制力の違い」をあげることができる。スポーツでのルール違反は試合の進行を一時的に止め、その「逸脱」を「修正」するための強制（制裁・懲罰）的措置が講じられる（例えば、選手がルールに違反したら、その違反者にペナルティが課すことができるなど）。そして、審判員はペナルティを課すことならびにその量定（警告や退場など）について最終決定権を持ち、その決定は好むと好まざるにかかわらず、たとえもし誤審であったとしても、強制的に執行され、従わなければならない。しかし、戦争では、ルールを遵守しているか、それとも違反しているかについての審判員は存在しない[24]。また、もしルールに違反しても、その違反した戦争当事国や個人に対して常に必ずペナルティが課されるとは限らない[25]。

■ 「戦争」を理解するために
―― 「物理的強制力」について

　先に提示した戦争の定義において修正が必要な点は、「物理的強制力」という点である。「物理的強制力」は "physical force" の和訳である。物理的強制力の例として最も明快なのは爆弾やミサイルなどである。もし爆弾やミサイルが攻撃に使われれば、それは明らかに物理的強制力の行使である。次に、防空レーダーや誘導ミサイルを電子的に撹乱する電子戦もまた、電波をという物理的強制力が行使される。それでは、サイバー戦やサイバー攻撃はどうだろうか。例えば、敵国の独裁者が重傷を負い、救急救命ユニット（ICU）で治療を受けているとしよう。その際に、ICUのコンピュータにハッキングし、サイバー空間を経由して生命維持装置を撹乱することは物理的強制力の行使かどうかというと微妙なところかもしれない。もし「力学的強制力（kinetic force）」と「非力学的強制力（non-kinetic force）」という区分をするのであれば、サイバー攻撃は後者に該当しそうである。ここでは、物理的強制力にサイバー攻撃などの、必ずしも物理的とはいえない強制力を加えたものを非力学的強制力と呼ぼう。つまり、物理的強制力は力学的強制力という概念に包含されるのだ。

■ 「戦争」の特徴付け

　これまでの議論を踏まえた上で、改めて「戦争＝武力紛争」の特徴づけを以下のように提示したい。

　　行為主体としての複数の国家や政治共同体ないし非国家主体を当事者とし、共同体の運営（政治）に関わる何らかの政治的な目的を達成するための手段として、各紛争当事者のみならず他の行為体や行為者によっても正当化され、紛争当事者間でなされる組織的な集団行為であり、状況によっては敵側の構成員のみならず自らの構成員をも死に至らしめることも厭わず、また相手の意思に

1. 行為主体としての複数の**国家**や政治共同体ないし非国家主体が当事者となる
2. 共同体の運営（政治）に関わる何らかの目的を達成するための手段として用いられる
3. 各紛争当事者のみならず他の行為体や行為者によって正当化される
4. 紛争当事者間でなされる組織的な集団行為として行われる
5. 状況によっては敵側の構成員のみならず自らの構成員をも死に至らしめることも厭わない
6. 相手の意思にかかわらず、相手に対して暴力を行使したり、相手からの暴力を防御したりするための道具として武器や兵器が用いた力学的強制力ならびに非力学的強制力（統制された暴力、武力・軍事力）が行使される
7. 力学的または非力学的強制力（統制された暴力、武力・軍事力）またはその両方の行使が継続的に生起する状態や状況

図4　戦争を構成する7つの要素

かかわらず、相手に対して暴力を行使したり、相手からの暴力を防御したりするための道具として武器や兵器を用いた力学的または非力学的強制力（統制された暴力、武力・軍事力）またはその両方の行使が継続的に生起する状態や状況

　それでは、上記の特徴について、それを構成すると思われる重要な要素を便宜上7つに分けて検討しよう（図4）。
　つまり、戦争は、7つのそれぞれの要素をほぼ満たす暴力の行使として特徴づけられそうである。以下において、その理由を検討しよう。
　1）について、国家や国家集団間の武力紛争は、「戦争」または「国家間武力紛争」とされる。また、ある国家と、その国家の領域内において実効支配地域を有するが国家として認められてない政治共同体ないし非国家主体との間の武力紛争は、「内戦」または「国家内武力紛争」とされる。さらに、ある国家と、国境を跨いで支配地域を有する政治共同体や非国家主体との武力紛争は、「国家横断型武力紛争」とされる。これらはすべて「戦争」である。
　2）について、戦争は、共同体の運営（政治）に関わる何らか目的

を達成するための手段として用いられる。というのは、戦争または武力行使は、国家や他の政治共同体や非国家主体が自らの共同体の運営に関して下す決断であり、その目的を達成するための手段だからである。例えば、統治領域内にいる人々の保護や自国の防衛は、共同体の運営に関わる決断である。また、共同体は、人々の保護や自国の防衛という目的を達成するための手段の一つとして武力行使を選択することもある。また、他国の領土の奪取や強制的な一方的併合、植民地や経済的利権の獲得、相手の国内・対外政策を変更させるといった目的も、自国の利益（国益）の追求という点で共同体としての決断であり、運営のための手段である[*26]。加えて、ある国家の政府によって不当に抑圧または弾圧されている特定の集団によって構成される政治的共同体が、その国家に対して自由や自治を求めることを理由とした武力の行使もまた、共同体としての決断であり、共同体を運営するための手段である。

3）について、紛争当事者は、統治領域にいる人々に対してはもとより、国際社会に対しても武力行使の正当性について説明責任を負う。国家や他の政治共同体や非国家主体は、自らの運営のための政治的手段として戦争を行う以上、他の集団や特定の個人に対して暴力を行使するにあたっての「正統な権威を有する機関または主体（legitimate authority）」であること、またその暴力の行使が「正当である（just）」ことを説明しなければならない。正統な機関または主体によって行使される暴力は、暴力の独占を行い、暴力のを行使することの正当性を主張できる。

しかし、その正当化が常に必ず理にかなったものであるとは限らない。多くの場合、国家や政治共同体は武力の行使を正当化するための理由として自衛を主張するが、当事者双方が自衛のための戦争をしているということはありえない。というのは、基本的には、一方による侵略、または予防戦争としての先制攻撃、または何らかの理由での偶発的な武力衝突という形で開始され、もう一方が防衛のために武力を行使するという図式になるからである。とはいえ、紛争当事者双方が

侵略を行う場合はある。例えば、第三国を植民地にしたり、または支配地域を争奪したりするための戦争である。

　4）について、紛争当事者間でなされる組織的な集団行為であるのは、武力を行使するための組織や軍事指揮系統が存在することを意味する。もっとも、組織的とはいえない武力行使は起こり得る。例えば、軍事指揮系統にある部隊や個人が、その上位の系統によって発せられた命令なしに独断で軍事行動を起こすような場合である。しかし、その軍事行動が戦争のきっかけになることはあり得るかもしれないが、それ自体が必ずしも戦争にいたるとは限らない。

　ここで指摘すべきは、国家や政治共同体ないし非国家主体の軍事指揮系統の統制下にない個人または集団は、自衛といった限定的な場合を除いて、武力紛争において力学的強制力（暴力）を行使する正統な行為主体としての適合性を有さないということである。例えば、ある思想に基づく非国家主体としての武装勢力が国家に対して暴力を行使することは、テロ行為とされることがある。また、ある過激思想に感化を受けた私人が、その思想に従って国家に対して暴力を行使したとすれば、それもまたテロ行為と呼ばれ、法において犯罪行為とされることがある[*27]。

　5）について、戦争においては、紛争当事者同士、自国または自らの共同体の構成員を防衛・保護するとともに敵陣営の構成員を殺傷したり器物を破壊したりするだけではない。常に必ずというわけではないが、状況によっては、自陣営の構成員をも進んで犠牲にすることがある。もし国家または政治共同体にとって、自らが存在し存続することが譲ることのできない至上命題であるならば、また自らを存在し存続させるために必要であると判断するならば、その構成員を死に至らしめることもいとわない場合がある[*28]。国家や他の政治共同体が自らの構成員を死に至らしめる例として、それらによって組織的に行われる自殺攻撃をあげることができる。

　6）について、相手を攻撃したり自らを防御したりするための道具として武器や兵器が用いられない戦争はない。武器や兵器の用いられ

ない争いは、少なくとも現代において戦争とはされない。例えば、ルワンダ虐殺（1994年）[*29]では、鉈が殺傷のための主要な武器として用いられた。

また、力学的強制力が行使されないような戦争は少ないだろう。武器や兵士の使用は物理的強制力の行使であり、その上位概念である力学的強制力の行使である。もし暴力の行使について相手からの同意や懇願があった場合にはもはや「戦い」でも「争い」でもない。戦争では、各紛争当事者が相手の意思とは無関係に武力を行使し、また自らの意思とは無関係に相手によって武力が行使される。同時に、サイバー空間での相手への攻撃は、必ずしも力学的強制力といえないかもしれない。それゆえ、非力学的強制力の行使も戦争を特徴づける要素のひとつとして考えてもよいだろう。

7）について、「一連」ではない一回性、または単発的な武力行使も起こり得る。その武力行使自体は戦争を構成する要素の一部にはなり得るかもしれないが、必ずしも戦争そのものではない。また、そのような武力行使が戦争のきっかけになることはあり得るかもしれないが、必ずしも戦争にいたるとは限らない。例えば、当時イラクが核開発のために建設中であった原子炉に対するイスラエルの航空攻撃（オシラク攻撃、1981年）をあげることができる。同じような事例として、レバノンに拠点を置くイスラム系武装組織である「ヒズボラ」や他の反イスラエル武装勢力に対するイスラエルによる攻撃をあげることができる。それらの攻撃や武力行使、武力紛争はいずれも戦争のきっかけとはならなかった。たとえ短期間であれ、双方による武力行使が継続的に起こっているのが戦争である[*30]。

■ 「剥き出しの非対称性」の特徴と理解[*31]

最後に、「剥き出しの非対称性」について考えてみよう。先に少し論じたように、「剥き出しの非対称性」は、「対称」という考えと関連している。まず、「対称」を特徴づけるとすれば、「何らかの前提（例えば、文脈や構造）を共有する2つの事物が同じ形質（形状や大き

> 「穏やかな非対称性」と「極端な非対称性」
> 「形式的な非対称性」と「実質的な非対称性」
> 「よい非対称性」と「悪い非対称性」

図5　非対称性の区分

さなど）や性質（強度や粘度や柔軟性など）や特性（機能や能力など）や地位や関係性を共に有していること」といえるだろう。すると、そう（＝対称）ではないものは「非対称」である。つまり、「非対称」とは「何らかの前提を共有する2つの事物が同じ形質（形状や大きさなど）や性質（強度や粘度や柔軟性など）や特性（機能や能力など）や地位や関係を共に有していないこと」とするならば、その（＝非対称）状態や状況や関係を「非対称性」としよう。

　非対称には、その程度や度合いに違いがある（図5）。例えば、非対称の程度が少ない「穏やかな非対称性」というものがあるだろう。また、非対称の度合いが非常に大きければ、それは「極端な非対称性」といえるだろう。例えば、国家間の武力紛争という文脈または構造において考えてみよう。国家に属する軍隊同士が通常戦力を用いた方法や手段による戦闘の行われ方は「対称戦（symmetric warfare）」と呼ばれる。もし、軍事力、経済力、外交力、その他の戦争の遂行のための国力においてそれほど差がない場合や、片方の国家が核保有国で、もう片方の国家が核非保有国であったとしても通常戦力のみによる戦闘が行われている場合には、その国家同士の戦闘には「穏やかな非対称性」を見ることができるかもしれない。しかし、核保有国が核非保有国に対して核攻撃を行ったら、その戦闘には、通常戦力とは一線を画すとされる核戦力の使用に「極端な非対称性」を見ることができるだろう。

　また、非対称性を「形式的な非対称性」と「実質的な非対称性」という枠組みによって区別することもできる。例えば、ゴルフでは、技量の異なるプレイヤーがより公平な試合を行うことができるようハンディキャップの制度がある。プレイヤーにハンディキャップを認める（また

は認めないこと）は「形式的な非対称性」といえるし、そこにはプレイヤーの腕前の差という「実質的な非対称性」も見ることができる。

　また、企業における上司・部下を考えてみよう。組織構造上、上司と部下の間では、上司は部下に仕事を振ったり、部下の業務成績を査定したりするような上下の関係にあるという点に「形式的な非対称性」を見ることができる。しかし、部下が専門的な特定業務に詳しい場合に上司が従うことがあるならば、それは「実質的な非対称性」があるといえるだろう。

　次の例はどうだろうか。法について知識を有する者と、そのような知識を有しない者がいるとしよう。両者とも、もし自己の権利に対して相手から不当な侵害を被ったとしたら、その侵害によって生じた被害に対する代償を請求する権利を有する。その点では、両者は形式的に対称な関係にあるといえる。しかし、知識を有する者は自己にそのような権利があることを知っていて、その権利を行使することができる（さらに、あえて行使しないという選択肢も有している）が、知識を有しない者は知らないがゆえに権利を行使できないとするならば、そこに実質的な非対称性があるといえる。

　さらに、非対称性を、「よい（賞賛され得る）非対称性」と「悪い（非難され得る）非対称性」という価値による区分もできる。親が子どもを育て、子どもが親の愛情を享受しながら育つような状況や関係には「よい非対称性」を見ることができる。逆に、ブラック企業の経営者が社員に対して過酷な労働を課しつつも対価を提供せず、そのことについて声をあげることさえできないような状況や関係には、「悪い非対称性」を見ることができる。

　以下、本書では、上記の3つの区分を踏まえ、「剥き出しの非対称性」は「極端で、実質的で、悪い非対称性」という意味で用いたい。

　では、戦争や平和における「剥き出しの非対称性」はどこにあるのだろうか。一例として、先に言及した武装した兵士と丸腰の民間人の関係について考えてみよう。そこには、「相手の命を自分の好きな時に好きな仕方で奪うことができる者と、相手の意のままに自分の命を

奪われるに任せるしかない者」という点において非対称性を見ることができる。その非対称性は、戦闘――相手の無力化、つまり敵の殺傷――を行うための武器を所持し、また戦闘を行うために武器を用いる訓練を受けた者と、何ら武器を所持していない者の間には、「極端で、実践的な非対称性」が存在する。

でもうひとつの区分である「よい」と「悪い」についてはどうだろうか。その区分は、兵士と民間人の間での武器の使われ方に依存する。もし兵士が武器を使って敵側の民間人を攻撃しない場合は、そこに「よい非対称性」の関係を見てとることができる。しかし、もし兵士が武器を用いて敵側の民間人を意図的に攻撃したり、または無差別な攻撃を行ったりした場合は、そこに「悪い非対称性」が存在する。後者の場合が、「極端で、実践的で、悪い非対称性」、つまり戦争と平和を考える上で私たちが最も憂慮すべき「剥き出しの非対称性」の一例をみることができるのだ。

■ 混在する「剥き出しの非対称性」

本章では、戦争と平和を「剥き出しの非対称性」という視座から検討するにあたり、議論の前提となる「平和」、「戦争」、「剥き出しの非対称性」という3つの考えの理解を共有することを試みた。そのために、類推や逆類推、また種類分けを通して、さしあたっての特徴付けを行い、理解を深めてきた。この作業を通して、戦争と平和を考えていくにあたっては、戦争だけではなく、個々のグレーゾーンの武力行使についても検討していく必要があることが分かった。

平時であれ戦時であれ、「剥き出しの非対称性」は混在する。軍隊や治安部隊が、非武装の群集によるデモを鎮圧するためにドローンを用いて催涙ガスを投下すること、武装勢力が村や学校を襲撃し、子どもを拉致して兵士や奴隷に仕立て上げること、これらは先に特徴付けを試みた戦争においてだけではなく、グレーゾーンの武力行使についても見ることができる。

以下の章では、武力紛争、戦闘、戦争や戦闘に関わるその他の暴力

を検討することにより、戦争と暴力の諸相、そして平和について考えていこう。

【注と文献】
* 1 例えば、冷戦時代において、アメリカとソ連がお互いを確実に破壊できるだけの核攻撃能力を保有したために「相互確証破壊（Mutual Assured Destruction；MAD）」の状況が出現（「恐怖の均衡（Balance of Terror）」）し、核兵器による報復攻撃を忌諱したことにより両国間において全面戦争が生じなかったとされる。
* 2 それらの例として、1941年12月8日（現地時間7日）の真珠湾攻撃をあげることができる。この武力行使がきっかけとなり、アメリカは第2次世界大戦に参戦した。また、2001年9月11日の同時多発テロ事件があげられるだろう。この武力行使を契機として、アメリカはアフガニスタンでの軍事作戦を開始することになった。また、1964年にベトナム沖のトンキン湾で発生した、北ベトナムによる米海軍艦艇に対する攻撃をきっかけとして、アメリカはベトナム戦争に本格的な介入を行ったとされる。
* 3 例えば、1962年10月のキューバ危機（ソ連によるキューバへの核ミサイル基地建設計画を巡る、アメリカとソ連との対立による、全面核戦争の危機）では、アメリカはキューバでの核ミサイル基地建設を阻止するためにソ連の船舶に対する海上封鎖を行ったり、またアメリカのU-2偵察機がキューバに配備されていたソ製の地対空ミサイルによって撃墜されたりと、軍事的強制力や武力の行使が起こったが、結果として米ソの全面核戦争は回避された。また、2010年には、北朝鮮が韓国の大延坪島で米韓合同軍事演習を行っていた韓国軍部隊に対する武力行使（砲撃）を端緒として双方の間で一時的な砲撃戦が発生したが、戦争には至らなかった。
* 4 米軍の軍事教義によると、反乱とは「地域の政治的支配を奪取、無効化、またはそのような支配に対抗するための、破壊や暴力の組織的使用」やそれを行う「集団そのもの」とされる。Joint Chiefs of Staff, *Counterinsurgency*, Joint Publication 3-24 (Joint Chiefs of Staff, 22 November 2013), Chapter 1 Section 1.
* 5 標的殺害とは、いわゆる「暗殺」である。
* 6 ひょっとしたら、ジェノサイドが戦争ではないグレーゾーンに位置していることに違和感を覚えるかもしれない。確かに、武力紛争中においてジェノサイドが行われることもある。例えば、旧ユーゴスラビア内戦（1991-1995年）中、国連が安全地帯と定めたスレブレニッツアにおいて、セルビア系武装勢力によってイスラム住民に対するジェノサイドが行われた（1995年7月）。しかし、ジェノサイドは武力紛争外においても起こされることがある。1948年の「集団殺害罪の防止及び処罰に関する条約（ジェノ

サイド条約）」第一条は、「締約国は、ジェノサイドが行われたのが平時または戦時に関わらず、それは阻止し諸罰すべき国際法上における犯罪である」と規定し、武力紛争時以外においても適用されることを示唆する。なお、同条約第二条によると、ジェノサイドは次のように定義される（https://treaties.un.org/doc/publication/unts/volume%2078/volume-78-i-1021-english.pdf, accessed on April 29, 2018）。

> 本条約では、ジェノサイドとは、国家、民族、人種、または宗教に基づく集団の全部または一部を破壊する意図を持って行われる、次にあげる行為を意味する。
> (a) 当該集団の構成員を殺害すること
> (b) 当該集団の構成員に対して深刻な身体的または精神的な危害を加えること
> (c) 当該集団の全部または一部に肉体的破壊をもたらすよう計算された生活条件をその集団に対して故意に負わせること
> (d) 当該集団において出産を妨げることを意図した措置を課すこと
> (e) 当該集団の子どもたちを別の集団に強制的に移動させること

* 7　民族浄化は、旧ユーゴスラビア内戦で使われ始めた言葉である。確かに、民族浄化は武力紛争中において行われることがあるが、ジェノサイド同様、平時においても起こりうる。例えば、国連人権高等弁務官のザイード・ラード・アル・フセイン（Zeid Ra'ad al-Hussein）は、ミャンマー政府によるロヒンギャ族に対する弾圧と迫害を「民族浄化の教科書的な事例」と評した（UN News, 'UN human rights chief points to 'textbook example of ethnic cleansing' in Myanmar'（September 11, 2017）. https://news.un.org/en/story/2017/09/564622-un-human-rights-chief-points-textbook-example-ethnic-cleansing-myanmar, accessed on April 30, 2018）。

　民族浄化とは具体的にどのようなものだろうか。国連集団殺害防止並びに保護する責任事務所は「民族浄化は国際法では独立の犯罪として認められていないので、その概念や、民族浄化として認定される確定的な行為についての正確な定義はない」としつつ、「ある民族的または宗教的集団により、暴力的でテロを鼓舞するような手段によって、ある特定の地理的地域から他の民族的または宗教的集団の属する民間人を排除することが企図された意図的な政策」という国連専門家委員会の表現を紹介している。（https://eow.alc.co.jp/search?q=inspiring、2018年4月30日アクセス。原文は、S/1994/674の付録 'Final Report of the Commission of Experts Established Pursuant to Security Council Resolution 780 (1992)', Para 129, p. 33. http://www.un.org/en/ga/search/view_doc.asp?symbol=S/1994/674, accessed on April 30, 2018）

* 8 「平和維持」とは、「合意事項（停戦や休戦やそれに類すること）の履行の監視と円滑化ならびに長期的な政治的解決に到達するために行う外交活動の支援を目的とした、係争に関わるすべての主要な当事者の同意に基づいて行われる軍事活動」とされる。（DOD, *DOD Dictionary of Military and Associated Terms* As of March 2008（DOD, 2008), p.239. http://www.jcs.mil/Portals/36/Documents/Doctrine/pubs/dictionary.pdf?ver=2018-03-27-153248-110, accessed on April 30, 2018）
* 9 グレーゾーンにあげた状況や状態は、武力戦争においても、また武力紛争外の平時においても発生することがある。そのうち、いくつかの暴力の形態は、武力紛争を遂行したり、再発を予防したり、平和を構築したりすることを目的として採用される、ある特別な方法や手段による戦い方も含まれる。例えば、AとBという相互に敵対する国家があるとしよう。国家Aは、国家Bを統治する政府に圧力をかけたりその政権を転覆したりすることを目的として、その政府に対して抵抗運動を行う非国家主体への支援を行ったり、協力して軍事作戦を行うということは十分に起こりえる。また、旧ユーゴスラビア内戦では、民族浄化が勢力圏拡大のための手段として用いられた。
* 10 これは、米軍の軍事教義における「伝統的な戦争（traditional warfare）」とも共通する。教義によると、伝統的な戦争とは、「国民国家間や国民国家の連合や同盟の間における、支配のための暴力的な闘争」として特徴づけられ、「戦略的な目的は、敵国に国家の意志を課し、また敵国の意志が課されることを回避すること」とされる。（Joint Chiefs of Staff, *Doctrine for the Armed Forces of the United States*, Joint Publication 1（12 July 2017), Chapter 1 Section 5.）
* 11 第二次世界大戦後、国民党が率いる中華民国政府と、それに対抗する共産党が率いる中国人民解放軍の間で戦われた内戦。1949年に中華民国政府が大陸から台湾に撤退し、大陸では中華人民共和国が樹立、共産党が大陸全土を掌握したことにより終結した。
* 12 コロンビア内戦では、コロンビア政府や「コロンビア自衛軍連合（AUC）」などの右翼系準軍事組織と、「コロンビア革命軍（FARC）」などの左翼系反政府勢力のゲリラ組織との間で戦闘が行われた。
* 13 アメリカの大規模軍事介入は1964年に始まり、1973年のパリ協定によって完全撤退した。
* 14 1978年に、クメール・ルージュが政権を握る民主カンプチア（1975-79年）に対し、ベトナムによる全面的な軍事侵攻が行われた。1979年1月に首都プノンペンが陥落し、クメール・ルージュ政権は崩壊、ベトナムが後ろ盾となる政府が樹立されるが、クメール・ルージュや他の反政府勢力との内戦状態が1996年まで続いた。
* 15 コソボ紛争時に、北大西洋条約機構（NATO）加盟諸国の軍隊によって行われた、ユーゴスラビア連邦政府に対して行われた空爆。

* 16 2010年にチュニジアで起こった民主化運動を契機として、北アフリカからにかけてのアラブ諸国で起こった民主化運動(「アラブの春」)の影響を受け、2011年よりシリア政府と複数の反政府勢力の間で起こった内戦。本書の執筆時(2018年8月)においても、アメリカやイギリス、ロシアなどがシリア内戦への軍事介入を行っている
* 17 「イスラム国(ISIL、ISIS、IS、ダーイシュとも)」は、一時期にシリアとイラクを渡る地域を支配したイスラム系過激派組織である。2014年6月にはカリフ制国家の建国を宣言した。しかし、2017年末までには、イラク政府、クルド人勢力、さらにアメリカやイギリス、ロシアによる軍事作戦により支配地域のほとんどを失った。2017年7月には拠点としていたイラク北部の都市モスルをイラク政府に奪還され、また2017年10月には首都としていたシリア北部の都市ラッカが陥落した。同年12月にイラク政府は「イスラム国」に勝利宣言を行い、2018年初めには壊滅状態となった。
* 18 拙著『正しい戦争はあるのか——戦争倫理学入門』、29頁。
* 19 ひょっとしたらラグビーと、2チームに分かれて行う「雪合戦」とを複合したような仮想競技を想定することがより明示的であるかもしれない。「雪合戦」は、敵と味方の2手に分かれて、複数のプレイヤーによる攻撃(雪球を投げる)と防御(雪だまを避ける)という行為が同時に進行するだけではなく、雪球によって相手を無力化し、相手陣地の占領を目指す集団行為という点で「合戦」である。そして、もし雪合戦においてプレイヤーによる肉体的接触を含む近接的な「攻撃」や「防御」がルールとして含まれるならば、それはまさに、殺すことを意図しない「戦争」という比喩としてみなすことができるかもしれない。
* 20 そして、もし複数の選手によって構成される2つまたはそれ以上のチームが皆一斉にひとつの試合に同時に参加したら、まさに戦闘行為に類するものに見えるかもしれない。しかし、それはもはや私たちが知っている剣道というスポーツではない。
* 21 このことは、どのような武器や兵器を用いても許容されるということを意味しない。後述のように、武力紛争法において使用が禁止されている、また戦争倫理学上において使用が許容されないと考えられる武器や兵器は存在する。その例として、生物兵器、化学兵器、対人地雷などをあげることができる。それぞれ、1972年の生物兵器禁止条約、1993年の化学兵器禁止条約、1997年の対人地雷禁止条約(オタワ条約)により禁止されている。
* 22 「戦争法(laws of war)」、「国際人道法(international humanitarian law)」、「戦時国際法」ともいわれる。
* 23 慣習国際人道法(customary international humanitarian law)は、条約法とは異なり、条文化されていないが、法として受け入れられている一般慣行に由来する規則である。
* 24 とはいえ、武力紛争法や慣例の違反を監視したり、違反した当事国(勢力)

に対して遵守を呼びかけたり、違反を国際社会に対して告発したりする機関や組織や個人は存在する。例えば、赤十字国際委員会や他の非政府組織、メディアやジャーナリストをあげることができる。

* 25 とはいえ、違反した戦争当事国に対して他国が経済制裁を行ったり、軍事介入を行ったりといった、ある意味でのペナルティが課されることもある。また、武力紛争法において戦争犯罪とみなされる重大な違反行為を行った兵士や民間人に対しては、その者が属する国家が国内法によって処罰する義務を負う。日本では、平成十六年法律第百十五号「国際人道法の重大な違反行為の処罰に関する法律」がある。(その射程については大きな問題があるように思われるが、本書では取り扱わない。)しかし、何らかの理由により、国家が戦争犯罪とみなされる重大な違反行為を行った者に対する裁判を行う意思がない、またはその能力を持たない、またはその両方に該当する場合には、国際刑事裁判所がその者に対する刑事事案を扱うという補完的機能を持つ。

* 26 なお、自衛や第三者防衛のための武力行使は法的にも倫理的にも正当化される場合があるが、その他の侵略行為は法的にも倫理的にも許容され難い。「防衛のための侵略」という考えがあるかもしれないが、それは予防戦争として考えられる。敵が侵略してくる前に侵略するという予防戦争が法的にも倫理的にも正当化することが難しいように、「防衛的侵略」もまた正当化が難しいだろう。

* 27 「対テロ戦争」という言葉があるが、これは語義矛盾と思われるかもしれない。というのは、犯罪者には戦争ではなく法による処罰が求められるからだ。あるいは、「対テロ戦争」は、個別の軍事戦略や軍事作戦を意味する「対テロ戦 (counter-terror warfare)」または「対テロ作戦 (counter-terror operation)」を指す、大袈裟な比喩として理解できるだろう。

* 28 関連する事柄として、自らの統治領域や支配地域の器物や施設を破壊して、攻撃側の進攻を妨げる焦土作戦をあげることができる。

* 29 フツ族系のルワンダ政府とフツ族の過激派が、ツチ族とフツ族の穏健派に対して行った虐殺。

* 30 例えば、イスラエルとアラブ諸国の間で行われた第三次中東戦争 (1967年) は、戦闘が行われた期間から「6日間戦争」とも呼ばれる。

* 31 本項の目的は、戦争と平和に垣間見る「剥き出しの非対称性」についての基本的なイメージを掴むことであり、「同一性」と「差異」、「対称性」と「非対称性」との概念の切り分けなどについての詳しい検討は行わない。特に、次章以降で見ていくように、「非対称戦 (asymmetric warfare)」や、そこで行使されるさまざまな暴力の諸相について検討していくための導入として考えて欲しい。

第3章

武力紛争の諸相[*1]

　前章では、「戦争」と「平和」、そして「剥き出しの非対称性」の特徴について概観した。本章では、前章で提示した、「戦争」と「平和」の間にあるさまざまな暴力が行使される場面がどのようなものであるのかに着目し、武力紛争や武力が行使される状況の諸相を探る。特に、現代の武力紛争や武力が行使される場面を特徴づける、非対称な関係に焦点を当てて論じたい。

■ 非対称型の武力紛争

　「非対称戦（asymmetric warfare）」という言葉がある。一般的には、紛争当事者間の軍事力や、戦闘の手段や方法が大きく異なっている武力紛争での戦い方・戦われ方を指す。例えば、圧倒的に強大な軍事力を持つ国家と、貧弱な軍事力しか持たない国家との間の武力紛争は非対称戦となりえる。また、国家と、ゲリラ組織や武装勢力といった非国家主体との間の武力紛争も非対称戦となりえる。「非対称戦」という言葉があるということは、（現実世界に現実に存在するかどうかは別として）「対称戦」という考えが前提にされていることを示唆する[*2]。すると「非対称戦」とは、「そう（＝対称）ではない戦争や戦闘」、つまり「非対称な戦争や戦闘」ということになる。では、もしあるとするならば、「非対称戦」とはどのようなものだろうか。

　「非対称戦」を考えるにあたっては、「対称戦」がどのようなものであるかということから考えることが近道かもしれない。最も単純なイメージとして、「同じ戦力や、同じ戦闘の手段や方法」による、国家の指揮系統化にある正規の軍隊同士によって行われる戦争」というも

のを思い浮かべるかもしれない。

　そこで、議論を進める上でのたたき台として、さしあたって「対称戦」をそのように理解した上で、戦争を対人競技スポーツとの類推から特徴づけるという前章の議論を思い出してみよう。対抗戦を形態とする団体スポーツは、参加できる選手の人数や、用いることができる道具やその仕様が指定されているように、形式的な対称が担保されている。その形式的対称性を前提として試合が行われるが、個々の選手の能力やチームワークといった試合の流れや勝敗に関わる実質的な点ではほとんどの場合において非対称であり、対称であることはまれである。その上で、「運」が試合の流れや勝敗に影響を及ぼす。

　国家や政治共同体の間での武力紛争では、それらの指揮系統下にある軍隊によって、核兵器や生物兵器や化学兵器や放射性物質兵器といった大量破壊兵器以外の通常戦力を用いた武力紛争が行われること、また武力紛争法を遵守することくらいしか形式的な対称は担保されない。国力、地政学的位置、軍事力、外交力、経済力など、ざっくり同程度という国家や政治共同体はあるかもしれない。しかし、どう考えてもスポーツ以上に実質的な対称性は担保されなさそうである。このように、事実上すべての武力紛争は「非対称」といえる。

　しかし、すでに指摘したように、非対称性には程度がある。私たちが最も懸念するのは、「極端で、実践的で、悪い非対称性」である「剥き出しの非対称性」である。この剥き出しの非対称性は、どのような武力紛争においても潜んでいる。いや、顕在化する場合の方が多いのかもしれない。しかし、現代の武力紛争の多くが非対称性を持つ非正規戦であるため、そこにこそ「剥き出しの非対称性」があるのだ。ここでは、検討の対象を主に非対称性を持つ「非正規戦」に焦点を絞り、そこにおける「剥き出しの非対称性」を考えていこう。

　「非正規戦（irregular warfare）」とは、米軍の教義によると、「関連する人々に対する正統性と影響力を巡る、国家と非国家主体の間での暴力的な闘争」[*3]とされ、それは「敵の力、影響力、意志を殺ぐために、全面的な形態の軍事力などを用いることもあるが、間接的で非

対称的なアプローチを好む」*4 としている。非正規戦の例として、反乱戦、テロ行為、ゲリラ戦、サイバー戦、安定化作戦、大量殺戮兵器の使用をあげることができる。

では、国家間武力紛争と非正規戦の違いはどこにあるのだろうか。米空軍の教義によると、非正規戦は典型的に「伝統的な戦争［国民国家や国民国家の連合や同盟の間において優位を巡る暴力的な闘争*5］に見られる軍隊同士の全面的な交戦を欠く」とした上で、「非正規戦と伝統的な戦争との主要な区別は、特に人々に関する、紛争の文脈と行われ方にある」としている*6。これはどういうことを意味するのだろうか。同教義には以下にように述べられている。

> 伝統的な戦争は人々を紛争の周縁とするが、非正規戦は人々を紛争の中心として考える。非正規戦と伝統的な戦争の双方とも、敵対行為の変更を強制することによって紛争の解決を図る。しかし、それらは戦略と行動の両方において大きく異なる。伝統的な戦争は、敵が戦争継続能力を持続的に保有することに対して支配的になることに焦点を絞る。非正規戦は、対象となる区域や地域における行為主体、行動、関係性、安定に影響を与えるような、人々を中心とするアプローチに焦点を絞る*7。

つまり、非正規戦の戦略は、「関連する現地の人々に対しての影響力、また人々からの支持を獲得または維持すること」とされる。

■ 非対称戦としての、武力介入・対反乱作戦

非対称戦のひとつの形態として、「武力介入（armed intervention）」を考えることができる。武力介入とは、国家や国家集団が他の国家や政治共同体に対して武力を用いる強制的な干渉である。現代において顕著な武力介入の形態は、欧米諸国による「遠征軍事介入（expeditionary military intervention）」──介入する国家の統治領域の外、特に本土からの遠隔地において武力を行使するために兵力を

展開し、何らかの政治的目的を達成するために軍事作戦を遂行すること——である。20世紀終わり以降、NATO加盟国を中心とした欧米諸国は、人道目的や対反乱（counter-insurgency；COIN）などを事由として、いくどとなく、継続的に遠征軍事介入が行われてきた。

　現代の遠征軍事介入の多くは、介入の標的となる国家や地域とは地理的に隣接・近接していない国家や国家集団によって行われる。そのため、介入する国家の本土や統治領域にいる人々が、介入の標的となる国家や、その領域内において標的となる非国家主体からの直接の攻撃にさらされる可能性が低い。このことは、遠征軍事介入に「剥き出しの非対称性」が潜むことを暗示する。

　遠征軍事介入は、次の3つの特徴を持つ。1つ目は介入が選択的に行われるということ、2つ目は民間人の負うリスクや被害が非相互的であること、3つ目は戦闘が非対称的な性質を持つことである。

　現代においてアメリカやイギリスが中心となって行う遠征軍事介入は、自国の主権、統治する領域やその領域内にいる人々に対する直接かつ継続的な攻撃によって強要されるような、国家の存続をかけた武力紛争ではない。むしろ、遠征軍事介入は、国家の存続に必ずしも深刻な影響を及ぼさない、自発的に行われる選択的な武力紛争である。しかし、逆に介入の標的とされる国家は、介入されないという選択肢を持たない。この点において、遠征軍事介入は一方的かつ強制的に行われる、構造的な非対称性を有するといえる。

　遠征軍事介入が選択的であるという特性は、介入を行う国家が、現地の民間人への被害を避け、もし被害を受けた時は支援を提供するという能力について現地の人々の期待を高めることがある。というのは、介入する国家の軍隊は、物的また技術的に優位であることと相俟って、現地の人々に敵としてではなく防衛を行う組織として向き合うよう努力する場合があるからである。しかし、現実にはどうだろうか。

　現代の多くの遠征軍事介入では、介入国は、標的国または標的地域の人々、特に民間人に対して一方的な大きなリスクを課すことを自発

的に選択してきた。介入国は、自らの統治領域にいる人々を武力紛争や戦闘がもたらすような直接のリスクに晒すことなく軍事作戦を遂行する。その軍事作戦は作戦区域の敵戦闘員や軍用物を標的として攻撃が行われるが、その攻撃によって民間人や民用物に「付随的被害（collateral damage）」がひき起こされることがある。ある攻撃の「付随的被害」として扱われた民間人や民用物に対して補償が行われないことは、その被害者やその家族に対して不公平な代償を課していることを意味する。

遠征軍事介入が選択的であるという特性は、現地の民間人が受ける被害の度合いに大きな影響を与える。介入を行う国家は、介入の目的は、標的とされる国家や標的地域の人々に対するものではないことを強調する。これは、敵対する国家の民間人が直接攻撃の標的とされた、第一次世界大戦や第二次世界大戦のような、20世紀前半を象徴する総力戦とは対照的である。近年の軍事作戦では、精密誘導ミサイルの使用、標的についての慎重な分析と評価、付随的被害が多大となることが予測される場合の攻撃中止によって、民間人の被害者を減少させるための多大な努力がなされてきたとされる[8]。しかし、どれほど民間人被害者を減少させることができるかについては、戦闘において被害を受ける兵士を最小限にすることを意図する「兵力保護（force protection）」という考えに鑑みるに、限界があるとしかいえない。

遠征軍事介入を行う国家やその国家の人々が、自国の兵士が死傷することについて敏感であるのは、今日においては一般的な潮流とされる[9]。事実、遠征軍事介入では、兵力保護を民間人保護に優先させる傾向が特に顕著となるとされる[10]。その一例として、NATOによるコソボ介入（1999年）における「死傷者ゼロの戦争（zero-casualty warfare）」と呼ばれる航空攻撃をあげることができる[11]。また、トマス・スミス（Thomas Smith）は、イラク戦争の初期の段階から、米軍の兵力保護を優先する戦略が形作られたと述べている[12]。さらに、攻撃作戦においてドローンの使用が増加していることは、戦闘によって死傷する兵士を少なくするための試みであるともいえる。

遠征軍事介入は圧倒的に強大な軍事力を持つ大国によって選択的に行われるので、一般的な戦争とは異なり、民間人の被害は相互的なものにはならない。民間人の被害が紛争当事者間において相互的であれば、意図せずに起こった民間人の被害に対しては、被害を受けた民間人が属する紛争当事者の政府が被害者を支援すれば問題ないように思われる。もし侵略の責任が一方の紛争当事者に帰せられるのであれば、その当事者が生じさせた相手側の民間人への被害に対して補償を行うことが求められるだろう。第二次世界大戦中、ドイツとイギリスは市街地や住宅地に対して相互に空爆を行い、直接攻撃によって民間人を殺傷した。そのような行いは当時の武力紛争法の理解に反していたが、空爆はニュルンベルグ裁判での起訴から除外された[*13]。

■ 戦闘が非対称的な性質であること

　遠征軍事介入は、戦争遂行能力や戦術において非対称的な武力紛争となる。このような非対称性がもたらす不利を克服するため、軍事力の弱い非介入国や介入の対象となる地域の非国家主体は、介入国が現地の民間人死傷者に対して敏感であることを利用する。一般的な方法は、攻撃から保護するために軍事物を住宅地に配置することである。もし介入軍がそれを攻撃することを決断し、その結果として甚大な付随的被害をひき起こしたら、現地の人々や国際的な支持を低下させるためにその被害を利用することができる[*14]。もうひとつの戦術は、介入軍の市街地での作戦行動に負担をかけるため、戦闘員が民間人や他の保護対象となる人々に扮することである。その結果として、介入軍の兵士の誤認により、直接の敵対行為に参加していない民間人に対して攻撃が行われることにつながる場合がある。

　上記のような武力介入においては、航空攻撃や地上兵力による通常戦と並んで、非正規戦を特徴づける非対称戦が行われる。一般的に、介入を行う国家は、介入される国家の政府が友好的である場合、「他国政府防衛（foreign internal defence）」「対反乱」「対テロ（counterterrorism）」、「安定化作戦（stability operations）」を行うことがある。逆に、介入さ

れる国家の政府が敵対的である場合、その政府に対して行う通常戦と並んで、非正規戦のひとつである「非通常戦（unconventional warfare）[*15]」を行うことがある。

■ 兵器や武器に関する非対称性

　武力紛争や戦闘の非対称性は、紛争当事者が用いる武器や兵器によっても特徴づけられる。例として、核兵器をあげることができるだろう。核兵器は、それを保有する国家に強大な抑止力を与える。つまり、核兵器を保有しているということは、核兵器を保有しない国家が核保有国に対して侵略を行うことを思いとどまらせるということである。侵略の代償として核兵器による反撃がもたらすであろう甚大な被害を受け入れる国家はほとんどないだろう。また、遠征軍事介入を主導する、核保有国であるアメリカやイギリスも、他の核保有国を標的とした武力行使を行うことに躊躇するだろう。

　核兵器だけではなく、軍事技術の発展によってもたらされた装備品もまた、武力紛争や戦闘の非対称性を特徴づける。そのひとつに、アフガニスタンにおける米軍の暗視装置をあげることができる。米軍関係者によると、アフガニスタンの反政府勢力であるタリバンが暗視装置や赤外線レーザーを用いてアフガニスタン政府の治安部隊への攻撃を強めているとされ、それらの兵器はアフガニスタンに展開している米軍が戦場に置き忘れたり、戦死したり捕虜となったりしたアフガニスタン政府軍兵士より回収されたり、国際派遣部隊から盗まれたり、または闇市場からもたらされたりした物だという[*16]。これらの兵器によって、タリバンは夜間攻撃を行うことが容易となり、攻撃の回数やアフガニスタン政府治安部隊の犠牲者も増加していることが『ニューヨーク・タイムズ』によって報道されている[*17]。

　このことは何を意味するのか。もともとアフガニスタン政府軍は暗視装置を標準装備していなかったが、米軍がアフガニスタン政府軍や警察のエリート部隊に対して、対反乱作戦を遂行するために限定的に貸与または供与した。しかし、それらの一部が何らかの経路でタリバ

ンの手に渡り、アフガニスタン各地に分散して展開している治安部隊への夜間攻撃の増加につながっているとされ、それゆえにアフガニスタンの治安当局としては米軍に対して防御のために暗視装置を使用できるよう求めているという[*18]。

兵器や武器の非対称性に直面した場合、「持たざる者」はどのような対応をするのだろうか。そのひとつの例として、イスラエルとイスラム系武装組織との紛争における武力の行使があげられる。2000年代初め、イスラム系武装組織のひとつである「ハマス」が、イスラエルに対して爆発物を用いた一連の自殺攻撃を行った。それらの攻撃について、同組織幹部（当時）アブデル・アズィーズ・アル・ランティシ（Abdel Aziz Rantisi）は次のように述べた。

> ハマスはそれらの戦術や抵抗のための手段［イスラエルの民間人への自殺攻撃］を利用する。なぜなら、我々はF16（戦闘機）やアパッチ（攻撃ヘリ）や戦車やミサイルを有していないので、それゆえに我々は有する限りのあらゆる手段を行使する[*19]。

武器の非対称性は戦術の非対称性を正当化するのだろうか。イスラエル国防軍（Israel Defense Forces；IDF）と「ハマス」の武力行使に関する本質的な違いは、自殺攻撃は無差別、または意図的に民間人を狙ったものであるという点にある。イスラエル国防軍は、少なくとも組織として民間人意図的に攻撃していない。ここにある「剥き出しの非対称性」は、イスラエル国防軍とハマスとの関係にあるのではない。ここにある「剥き出しの非対称性」は、イスラエル国防軍とその攻撃によって付随的被害を受けるパレスチナの民間人との関係であり、自殺攻撃を行うハマスとその攻撃に晒されるイスラエルの民間人との関係である。

■ 遠征軍事介入の倫理

すでに指摘したように、NATOを中心とした欧米先進国による遠

征軍事介入は非対称戦の性質を帯びる。しかも、それらの介入は、介入国の「国家の存立」に直接関わるものではない、選択的に行われる「贅沢な」介入である。確かに、重大な国際安全保障や国家安全保障上の理由から行われる武力遠征介入もありえるかもしれない。しかし、それでもなお、それらの国家の統治領域内に敵対する軍隊による大規模攻撃や侵攻や侵略があり、統治領域が占領されたような状態ではない。

もし上記の特徴を有する遠征軍事介入を行うのであれば、どのように行うことが道徳的に適うのだろうか。この問いを考えるにあたっての糸口は、デーヴィット・ロディン（David Rodin）の非対称戦の倫理に関する提案にあるように思われる。ロディンは、非対称戦においては「弱い側」の交戦規定の基準を下げるのではなく、「強い側」（つまり、「西洋」の国家）に対して次のような「「戦争の正義」に関する厳格な要件」を課すよう提案している。「強い側」が「軍事作戦を遂行するにあたっては、非戦闘員に危害を与えない、または偶発的な被害を及ぼすリスクを負わせないことを確実にするために例外的なほどまでに厳密な手続きを踏む」ということである[20]。

具体的には、次の3つの要件を「「戦争の正義」に関する厳格な一連の規範」として提案している。「曖昧な標的や、重要な民用機能を有するデュアル・ユース施設[21]のすべてを攻撃の対象としないという、「戦争の正義」についてより厳格な解釈を課す」こと、「攻撃を承認する前に、明確で曖昧ではなく信頼できる証拠をもって標的の地位が確実またはほぼ確実であること」が確認されること、「民間人に対して付随的被害を受けるリスクを負わせないことを確実にするために例外的なほどまでに厳密な手続きを踏み、また居住可能性や環境を悪化させない」ことである[22]。

著者はロディンの提案に肯定的である。しかし、「強い側」という主体の要件については少し留保したい。ロディンの「強い側」とは「西洋の国家」であり、具体的にはNATO加盟国を念頭に置いていると思われる。確かに、著者もまた、これまでの議論において主に

NATO加盟国を念頭に置いてきた。この点では同じである。しかし、著者は、上記の規範が適用されるべき本質的な理由は「強いから」だけにあるのではなく、すでに指摘したように遠征軍事介入の特長である「贅沢だから」にあると考える。

もしそれらの国々の統治領域内に敵対する国家の軍隊が侵略を行った場合であれば、自国の防衛のための軍事行動は「必要な戦争」としてみなしてもよいだろう。そのような「必要な戦争」であっても、統治領域内にいる民間人の保護が必要となる。また、軍事的必要性に基づいて敵対する国家の統治領域に侵攻する場合には、そこにいる民間人を保護することが求められる。

もしそれらの国々の統治領域内で非国家主体が軍事行動を行った場合であれば、それもまた自国の防衛のための軍事行動として「必要な武力行使」としてみなしてもよいだろう。そのような「必要な武力行使」であっても、統治領域内にいる民間人の保護が必要となる。

しかし、もしそれらの国々が他国との武力紛争の状況にないにもかかわらず統治領域外において軍事行動を行う場合、そしてその軍事行動が国家の存立に直接的かつ深刻な影響に対するものではない場合、その軍事行動は選択的な「贅沢な」行為として考えてもよいだろう。

そのような「贅沢な」軍事行動では、介入を行う国家の民間人が死傷するリスクに晒されることはほぼゼロであるが、介入対象国の民間人は介入国の軍事行動によって死傷するリスクに晒される。そして、介入国の軍隊は兵士が死傷するリスクを介入対象国の民間人に転嫁する。

例えば、ドローンによるミサイル攻撃である。GPSによるレーザー誘導弾によって精密な攻撃ができたとしても、標的誤認や付随的被害をなくすことは非常に困難である。もしドローンが墜落したり撃墜されたりしたとしても、ドローンのパイロットやセンサー操作者は死傷することがない。

つまり、介入国の兵士と介入対象国の民間人の間には「剥き出しの非対称性」の関係がある。だからこそ、その非対称性がもたらす悪を

少しでも緩和するために、戦闘の手段や方法についてより厳格な要件を課すことが求められる。

> 「強い側」が「戦争の正義」に関する厳格な規範を履行する義務があるという理由のひとつは、それらの国家がそうできるということにもある……ひょっとしたら、「「べし」は「できる」を含意する」ように、「「できる」は「べし」を含意する」」ような状況があるかもしれない[*23]。

このような姿勢が、選択的で「ぜいたくな」遠征軍事介入を行う意志と能力を併せ持つ介入国に求められることであろう。

■ 暴力における「剥き出しの非対称性」

本章では、「戦争」と「平和」の間にあるさまざまな暴力が行使される場面がどのようなものであるのかについて探ってきた。特に、現代の武力紛争や武力が行使される場面を特徴づける、非対称な関係に焦点を当てて検討してきた。現代の武力紛争を特徴づける遠征軍事介入では、介入する側の戦闘員と介入される側の戦闘員との間におきな非対称性が生じる。しかし、その非対称性は「剥き出しの非対称性」ではない。「剥き出しの非対称性」は、介入する側の戦闘員と介入される側の民間人の間にある。

【注と文献】
* [*1] 本章の一部は、Minako Ichikawa Smart との共著、'The Moral Grounds for Reparation for Collateral Damage in Expeditionary Interventions: Beyond the Just War Tradition', *International Journal of Applied Philosophy*, 26(2), (2012), pp. 181-195 のうち、筆者が担当執筆した部分を基に、加筆修正したものである。
* [*2] 厳密な意味での対称な戦争というのは存在しない。というのは、完全に対称のである国家や政治共同体というのはありえないからである。しかし、戦争の行為主体が国家同士である場合には、さしあたり対称な戦争と呼べるだろう。

* 3 Joint Chiefs of Staff, *Doctrine for the Armed Forces of the united States of America*, Joint Publication 1 (Joint Chiefs of Staff, 12 July 2017 [25 March 2013]), Chapter 1 Section 6. http://www.jcs.mil/Portals/36/Documents/Doctrine/pubs/jp1_ch1.pdf?ver=2017-12-23-160207-587, accessed on April 22, 2018.
* 4 *Ibid*.
* 5 *Ibid*., Chapter 1 Section 4.
* 6 USAF, *Irregular Warfare*, Air Force Doctrine Document 2-3 (USAF, March 15, 2013), p. 1. https://fas.org/irp/doddir/usaf/afdd2-3.pdf, accessed on April 22, 2018.
* 7 *Ibid*.
* 8 Thomas Smith, 'The New Law of War: Legitimizing Hi-Tech and Infrastructural Violence', *International Studies Quarterly*, 46(3), (2002), pp.355-374 at p.363; Michael N. Schmitt, 'Precision Attack and International Humanitarian Law', *International Review of the Red Cross*, 87(859), (2005), pp. 445-466 at p. 457; Nicholas J. Wheeler, 'Dying for'Enduring Freedom': Accepting Responsibility for Civilian Casualties in the War against Terrorism', *International Relations*, 16(3), (2002), pp. 205-225 at p. 211.
* 9 Martin Shaw, 'Risk-Transfer Militarism, small massacres and the historic legitimacy of war', *International Relations,* 16(3), (2002), pp.343-360 at p. 356; Tony Coady, *Morality and Political Violence* (Cambridge University Press, 2007), pp. 180-181.
* 10 Smith, *op. cit.*, p.147.
* 11 「死傷者ゼロ戦争」とは、NATO の航空攻撃によって被害を受ける現地の民間人の死傷者をゼロにすることを意図したものではなく、NATO の航空機パイロットの死傷を避けることが意図された作戦である．NATO の航空機は、ユーゴスラビア軍の防空能力が低減するまで、15,000 フィート（約 4,600 メートル）の高度から攻撃を行っていた（A. P. V. Rogers, 'Zero-casualty warfare', *International Review of the Red Cross* 82:837 (2000), p. 165-181 at p. 173.）。
* 12 Smith, *op. cit.*, pp. 355-374.
* 13 Geoffrey Best, *Humanity in Warfare: The Modern History of the International Law of Armed Conflict* (Columbia University Press, 1980), pp. 262-85; Michael Walzer, *Just and Unjust Wars: A Moral Argument with Historical Illustrations* (Basic Books, 1977), pp. 255-62.
* 14 Smith, *op. cit.*, p. 364, Schmitt, *op. cit.*, at p. 458.
* 15 米軍の用語としての「非通常戦」は、正規の軍隊を軍事力として投入する作戦や、核兵器、生物兵器、化学兵器、放射能兵器といった大量殺戮兵器

以外の通常戦力による戦闘という意味ではなく、「敵対地域における地下組織、準軍事組織、ゲリラ組織を通して、またはそれらの組織と共に行う作戦によって、それらの抵抗運動や抵抗が、政府や占領を行う勢力に対して強制力を行使したり、それらをかく乱させたり転覆させることができるようにするための活動」としている（DOD, *DOD Dictionary of Military and Associated Terms* As of March 2008（DOD, 2008), p. 239. http://www.jcs.mil/Portals/36/Documents/Doctrine/pubs/dictionary.pdf?ver=2018-03-27-153248-110, accessed on April 30, 2018）。

　つまり、米軍における「非通常戦」は、アメリカに敵対的な国家や政府または非国家主体に対して、それらに敵対するがアメリカに友好的な組織を支援したり共闘したりする非正規戦という意味で用いられている。しかし、本書ではより広く、「国家の軍隊同士によらない戦い」という意味で用いる。

* 16　Thomas Gibbons-Neff and Jawad Sukhanyar, 'The Taliban Have Gone High-Tech. That Poses a Dilemma for the U.S.', *New York Times*（April 1, 2018), https://www.nytimes.com/2018/04/01/world/asia/taliban-night-vision.html, accessed on June 6, 2018.
* 17　*Ibid*.
* 18　*Ibid*.
* 19　Suzanne Goldenberg, 'The men behind the suicide bombers', *Guardian* https://www.theguardian.com/world/2002/jun/12/israel1, accessed on July 2, 2018.
* 20　David Rodin, 'The Ethics of Asymmetrical Warfare', in Richard Sorabji and David Rodin（eds.), *The Ethics of War: Shared Problems in Different Traditions*（Ashgate, 2006), pp. 153–168 at p. 161.
* 21　ここでいう「重要な民用機能を有するデュアル・ユース施設」とは、軍事用にも民用にも共同で利用される施設、例えばある種の発電所やダムや水道施設といった、民間人にとってのライフラインの維持に必要不可欠なインフラやそれを提供する施設を指す。
* 22　Rodin, *op. cit*., at pp. 161–162.
* 23　*Ibid*., at p. 165.

第4章

子ども兵士と「道徳的罠」

　武力紛争においては、立場の弱い人々、武器を持たず、直接の敵対行為に参加してない民間人、特に女性や子どもや高齢者などが最も大きく影響を受ける。それらの人々の中でも、子どもは特別な立場にある。その理由は、子どもが子どもであるということに他ならない。子どもは戦争の被害者になるばかりではなく、大人によって強制的に戦闘に参加させられ、殺傷や破壊の共犯者として、被害者であるにもかかわらず同時に加害者に仕立て上げられてしまうこともある。ここに、「子どもを搾取する大人と、大人によって搾取される子ども」という「剥き出しの非対称性」を見ることができる。

　しかし、「剥き出しの非対称性」が発現するのは上記の状況だけではない。道徳的良心を有した兵士が子ども兵士と対峙する際には、ある意味での「剥き出しの非対称性」に直面する場合がある。その非対称性は、一般的に、罪がなく、弱い立場にあり、未成熟であるがゆえに保護されるべき対象であるはずと考えられている子どもが、兵士に対して脅威を及ぼす際に生じる。道徳的良心を有する大人の兵士と、道徳的行為者性を有さないために道徳的責任を負わない（または、少なくとも大人よりも道徳的行為者性の能力が顕著に低く、それゆえに顕著に低い道徳的責任を負う）子どもとの戦闘は、前者に対して「道徳的罠」が仕掛けられる。大人と同じ責任能力を有さない子ども兵士（child soldier）がもたらす脅威を無力化しないと、自らや第三者を防御できないという状況である。もし子ども兵士を攻撃しなかったら、自らや第三者の生命を危機にさらすことになり、ひょっとしたら自らの生命を落としたり第三者の生命を守ることができなくなったり

するかもしれない。また、たとえ子ども兵士を攻撃して自らや第三者の生命を守ることができたとしても、子どもを殺傷したことについての罪の意識、後悔、自責の念を負わせることが伴うかもしれない。まさに、子ども兵士を攻撃しても地獄、攻撃しなくても地獄といった状況である。

■ 子どもと戦争

平時であれ戦時であれ、本来、子どもは大人になるまで保護されるべき対象であると考えられている。しかし、戦争では、多くの子どもが被害者、犠牲者となる。近年においても、武力紛争において子どもに対する暴力や搾取が行われている。例えば、ナイジェリア北東部とそれに隣接する諸国では、2013年以降においてイスラム系反政府武装勢力「ボコ・ハラム（Boko Haram）」による子どもに対する暴力が報告されている。以下、2016年に「国際連合児童基金（ユニセフ、United Nations Children's Fund；UNICEF）」が刊行した報告書の一部を引用する。

> 少年は、「ボコ・ハラム」への忠誠を示すため自らの家族に対しての攻撃を強制される。少女は、性的暴力や兵士との強制結婚を含む深刻な虐待にさらされる。爆弾を運んだり起爆させたりすることに使われる子どもたちもいる[*1]。

UNICEFの報告書は、過去数年においてナイジェリア北東部とその隣接国において爆発物を用いた攻撃の急激な増加を指摘した上で、以下のように記述している。

> 少年や少女が関与した攻撃の比率も増加しており、8歳の子どもたちも含まれる。子ども、特に少女を自殺爆発者として使うことは、この紛争を定義づけるような、また警戒すべき特徴のひとつになっている[*2]。

同報告書によると、ナイジェリア、カメルーン、チャド、ニジェールの4ヶ国での自殺攻撃に使われた子どもの推定数は、2014年には4人であったのが、2015年には44人と11倍の増加があった。また、2014年1月から2016年2月にかけての期間において、子どもが関与した自殺攻撃の数は、ナイジェリアでは17件、カメルーンでは21件、チャドでは2件（ニジェールでは0件）が報告されている。加えて、同時期における自殺爆発者の19パーセントが子どもであり、そのうちの少年と少女の割合は、少年25パーセントに対して少女75パーセントである。

　ナイジェリア北東部とその周辺国における「ボコ・ハラム」による暴力、特に戦争遂行のためにさまざまな形で強制的に子どもを使って搾取を行ったことは、弱い立場にある子どもが武力紛争の犠牲者となったほんの一例にしかすぎない。

■ 法的枠組み

　武力紛争法では、武力紛争において子どもを兵士として使うことを禁止している。例えば、「1949年8月12日のジュネーブ諸条約の国際的な武力紛争の犠牲者の保護に関する追加議定書（議定書Ⅰ）（ジュネーブ諸条約第一追加議定書）」の第七十七条2項は「紛争当事者は、15歳未満の児童が敵対行為に直接参加しないようすべての実行可能な措置をとるものとし、特に、これらの児童を自国の軍隊に採用することを差し控える」としている。また、同追加議定書（議定書Ⅱ）（ジュネーブ諸条約第二追加議定書）の第4条3項（c）は「15歳未満の児童については、軍隊または武装した集団に採用してはならず、また、敵対行為に参加することを許してはならない」と規定している。

　また、子どもの権利を保障する国際条約においても、武力紛争において子どもを保護することが規定されている。1989年の「児童の権利に関する条約」第三十八条は、「締約国は、15歳未満の者が敵対行為に直接参加しないことを確保するためのすべての実行可能な措置をとる（2項）」とし、また「締約国は、15歳未満の者を自国の軍隊に

採用することを差し控えるもの（3項）」と規定する。さらに、「武力紛争における児童の関与に関する児童の権利に関する条約の選択議定書」は、「締約国は、18歳未満の自国の軍隊の構成員が敵対行為に直接参加しないことを確保するためのすべての実行可能な措置をとる（第一条）」とし、また「締約国は、18歳未満の者を自国の軍隊に強制的に徴収しないことを確保する（第二条）」と規定する。

　このように、国際法では子どもを兵士として、特に直接の敵対行為に参加する戦闘員として使うことが禁止されている。しかし、このような法規範があるという事実と、この条約を批准していない非国家主体である武装集団が子どもを戦闘員として戦闘に参加させることを差し控えているかどうかという事実とは別問題である。また、2017年の国連の報告書によると、2016年においてアフガニスタン、ミャンマー、シリア、イエメンなどでは児童が国軍や治安部隊の軍務に就かされたとされ、それらの国家に加え、中央アフリカ共和国、コンゴ民主共和国、コロンビア、イラク、マリ、ナイジェリア、フィリピン、ソマリア、スーダン、南スーダンなどの反政府武装勢力は子どもを戦闘員として軍務に就かせているとされる[*3]。

■ 搾取という問題

　子どもを武力紛争において使うことの問題は、ひとえにそれが一方的な強制的搾取であるという点にある。「国際労働機関（International Labour Organisation；ILO）」の「最悪の形態の児童労働条約」（第182号）の第三条は、「武力紛争において使用するための児童の強制的な徴集」を「強制労働」に含め、それを「奴隷制度又はこれに類する慣行」とし、「最悪の形態の児童労働」のひとつとしている[*4]。

　では、なぜ子どもを武力紛争に使うことは「最悪の形態の児童労働」とされるのだろうか。その理由を詳しく見ていくために、まずはILOの資料「最悪の形態の児童労働の撤廃：ILO第182号条約への実務的ガイド（議会人のためのハンドブック第3号 2002年）」[*5]を見ていこう。

児童労働の定義として、肯定的に評価される「青少年の労働参加」と、否定的に評価される形態の労働としての「児童労働」とが区別されている。一方、前者は「一般に、健康や人格形成に悪影響を与えず、学校生活に支障をきたさないかぎり、肯定的なものと見なされている」とした上で、具体例として「家庭と家族の面倒を見ている親を手伝う行為や、家業を手伝う行為、学校の時間外や休暇中に小遣いを稼ぐ行為が含まれる」としている。そして、それらの労働参加が肯定的に評価される理由として、「児童の成長と家族の福祉を促進し、能力や態度や経験の向上をもたらすとともに、児童が成人した時に社会に役立つ生産的な大人になるための準備ともなる」[6]からとされる[7]。

　他方、後者の児童労働の特徴として、同報告書は以下の4点をあげている。

- 子どもにとって、精神的、肉体的、社会的、道徳的に危険であり、有害である。
- 次にあげる3つの形態によって学校生活に支障をきたす。
- 学校に通う機会を奪う。
- 学業を修了しないうちに学校生活を打ち切ることを強いる。
- 通学と過度の長時間重労働とを両立させることを要求する[8]。

そして、深刻な問題は「極端な形態」としての「奴隷化」であり、さらにそれが「しばしば幼年期の頃から起こっている」と述べている[9]。それらを踏まえた上で、同報告書は児童労働を「子どもから少年時代と可能性と尊厳を奪い、かつ、子どもの肉体的、精神的成長にとって有害な労働」と定義している。

　この定義は、子ども兵士に関する問題を考える上で非常に示唆に富んでいるものと思われる。というのは、児童労働には、「二重の搾取」の構造が存在するからだ。「二重の搾取」とは、子どもの現在と未来を搾取することである。まず、「子どもの現在を搾取すること」とは、

子どもを労働力として用いること、また労働力を得るための手段としてのみ扱うこと、児童労働についていなければ享受できたであろう子どもとして意義のある少年時代を奪うこと、そしてそうすることによって子どもの権利、福祉、尊厳を侵害することである。「子どもの未来を搾取すること」とは、子どもが児童労働についていなければ享受できたであろう意義のある少年時代に培い、獲得することができたであろう、未来において人生をより豊かにしたであろう資質や能力や適性や人間性を開花させる機会と可能性、つまり、よりよい人生を謳歌するに有益かつ有用な時間と機会を奪うということである[*10]。

■ 子ども兵士

前節では児童労働一般の問題について見てきたが、それでは「最悪の形態の児童労働」のひとつとされる「武力紛争において使用するための児童の強制的な徴集」、つまり「子どもを戦闘員として使うこと」の問題はどこにあるのだろうか。それはひとえに、大人の一方的な都合で子どもに兵士として働くことを強制するという「子どもに対する暴力」が行使されること、子ども兵士に対して、敵への暴力の行使を労働として強要すること、子ども兵士を敵からの暴力の行使に曝し死傷するリスクと危険を負わせることである。言い換えれば、子どもたちに対して死傷するという究極のリスクや危険を一方的に課すことに加え、子どもたちに暴力の行使を強要し、手段としてのみ使うだけではなく、ときとして子どもたちを悪事の共犯者に仕立て上げてしまう点にある。ここにおいて何らかの強制ないし搾取の構造が構築されることが避けられない。

子ども兵士は戦闘だけではなく、後方支援を含むさまざまな軍務に使われている。しかし、子どもが武力紛争に巻き込まれる状況において最大の倫理問題のひとつは、子どもが戦闘員として使われることである。特に、「イスラム国」による子ども兵士を例としてあげてみよう。「イスラム国」は、子どもを戦闘員として戦闘に参加させるだけではなく、自殺攻撃を行わせたり、捕虜を殺害させたりしている。そ

れらのすべてがおぞましい、道徳的非難に値することだが、そのうちでも子どもが捕虜を殺害する映像は、視聴する者を恐怖のどん底に突き落とす。

　私たちは、そのような子どもに対する搾取が組織的に大規模に行われていることについてどのように考えるだろうか。ILOの文書は「武力紛争に子どもを強制的に従事させることは、肉体的に極度に危険な状態に子どもを置くばかりでなく、子どもの心理に深い外傷を残し、一生残る傷を与えることになる」[11]と述べている。

　事実、兵士であった子どもが、戦闘やさまざまな形での搾取や虐待の結果として、心的外傷後ストレス障害（Post Traumatic Stress Disorder；PTSD）を負ったり、それに類する心的外傷後ストレスの症状や反応を示したりすることが報告されている。例えば、ウガンダの反政府組織「神の抵抗軍（Lord's Resistance Army）」の戦闘員だった子どものPTSDに関して2004年に発表された研究では、臨床的に重大な心的外傷後ストレスの症状や反応が見受けられると論じられている[12]。

　戦闘員であった子どもは、脱走したり、動員解除となったり、救出されたり解放されたりした後にも、多くの苦難に直面する。ウガンダの例では、「戦闘員だった子どもは、自らが行った数え切れない残虐行為——そのほとんどが自国の人々に対するもの——について時として非難され、また汚名を着せられるので、心理的な回復や社会への再統合は深刻なほど複雑になることがある」[13]と述べられている。子どもは、たとえ戦場を離れた後であっても、別の形での「剥き出しの非対称性」という構造に絡めとられてしまうこともあるのだ。

■ 戦闘における子ども兵士
　——職業軍人としての兵士の視点から

　子どもが戦闘員として戦闘に参加することは、もうひとつの特有の問題を生じさせる。その問題は、子ども兵士は道徳的行為者性を持たないが、敵対する相手に対して脅威となることに由来する。特に、こ

の問題は、国家の軍隊に職業軍人として所属する兵士が、非国家主体の軍事集団に属する子ども兵士との戦闘に直面した場合において非常に深刻となる。それらの兵士は、たとえ戦闘中であったとしても、道徳的心理から子ども兵士を攻撃することに対して躊躇する場合がある。

例えば、2000年にはシエラレオネで英軍兵士が、「ウエスト・サイド・ボーイズ（West Side Boys）」という主に子ども兵士から構成される民兵組織によって身柄を拘束された事例がある。指揮官が子ども兵士に対して射撃を行うことを嫌がったため、部隊が包囲され、兵士の身柄が拘束された。身柄を拘束された兵士を救出するため実行された「バラス作戦（operation Barras）」では子ども兵士との戦闘が行われた。ピーター・W・シンガー（Peter W. Singer）はその作戦を評して、「この新しい、厄介な地球規模の暴力に対して初めて西洋が直面した戦闘のひとつだった」と論じている[*14]。

私たちはここにある種の「道徳的罠」を見ることができるだろう。ここで言う道徳的罠とは、ある行為をしたことによって何らかの道徳的な後悔や罪の意識がひき起こされるが、その行為をしなかったことによっても何らかの道徳的な後悔や罪の意識がひき起こされるような構造や状況のことである。まさに、「進むも地獄、退くも地獄、止まっているのはもっと地獄」かもしれない構造の嵌め込まれてしまう状況である。それでもなお、兵士たちは選択すること、決断すること、そしてその決断に従い行動することを迫られることがあるのだ。

■ 後悔や罪の意識が起こる理由

なぜ、いわゆる大人の職業軍人である兵士が子ども兵士を攻撃することに道徳的な後悔や罪の意識を抱くのだろうか。この問いについて、以下の述べるように、イヤル・ベン＝アリ（Eyal Ben-Ari）が興味深い説明をしている。

しかし、その前に、補助線的な予備的説明が必要であろう。まず、ベン＝アリは、自身の研究を、イスラエル国防軍に関する自身の研究と、児童期に関する自身の著作、また各種の学問分野の二次資料に基

づいたものとして位置づけている。当該研究は、ベン゠アリ自身が言うところの「西洋社会（Western societies）」についての考察であり、いわゆる欧米、特に児童を戦闘員として採用していないNATO加盟国の軍隊と兵士の道徳心理について考えるのに役立つだろう[*15]。また、おそらく自衛隊とその隊員にも該当するかと思われるが、その判断は読者に委ねたい。

なぜ職業軍人である兵士が子ども兵士を攻撃することに道徳的な後悔や罪の意識を抱くのかについて、ベン゠アリの議論を見ていこう。それは、一言でいうと、私たちの倫理観は、子どもについての特定の見方によって形成されているということである。

> 歴史的に西洋社会においては、児童期について、子どもは悪への傾向を持って罪深く生まれたという清教徒的な考えに基づく見方と、子どもは罪がなく弱い立場にあるという見方が競合してきた。さまざまな理由によって、過去数十年においては後者の見方が力を獲得してきた。私たちの知っている「児童期」という概念は「成人期」と対比され、子どもは、その状況や状態のままである［being］というよりも［成人に］なっていく過程にある人々として見られる……子どもは本質として特別であり、生物学的また心理学的な力によって決定付けられており、罪がないとされ、それゆえに弱い立場にあって依存している[*16]。

私たちは上記の考えを広く共有しているだろう。ベン゠アリは、この考えに依拠する「児童期」のモデルが、「子どもの権利が制度化された国際法に組み込まれた」と論じている[*17]。

さらに、ベン゠アリは、次のように指摘する。子どもは罪がなく、弱い立場にあり、未成熟であるという性質と、例えば犯罪のような暴力行為とを関連付けることが難しいとし、「人を殺した子どもは、逸脱した特異な人間、児童期でのあり方として受容されている規範から逸脱した、子どもと大人の合成物として見られる」と述べている。そ

して、この見方は「職業軍人によって構成される軍隊がどのように子ども兵士を見ているかの根底にある見方と同じである」[*18]と論じている。こういったわけで、兵士は子ども兵士を「普通の戦闘員」としてみることに抵抗を覚えることがあるとされるのだ。もしそのようになってしまったら、戦闘や任務の遂行に支障をきたすことになりかねない。それではどうすべきなのか。

■ 子ども兵士を攻撃すること

　子ども兵士を攻撃することに関する倫理学的な問いは、「本来であれば保護され、少なくとも危害を加える相手ではないはずの子どもに対して、たとえ自分や第三者の防衛のためとはいえ暴力を行為することは道徳的に許容されるのか」というように立てることができる。この問いについて、以下の2つに分けて検討してみよう。

　第一の問いとして、「もし子ども兵士が直接の敵対行為に参加しているのであれば、その直接の脅威を取り除くために子ども兵士を攻撃することは道徳的に許容されるのだろうか」を立てる。第二の問いとして、「もし子ども兵士が脅威を及ぼすのであるならば、兵士自身や自らの所属する部隊や第三者を保護するために攻撃を行うことは道徳的に許容されるのだろうか」を立てる。これら2つの問いを検討するために、次の仮想事例（とはいえ、それほど実例とは異ならないと思われる）を考えてみよう。

　例1
　　ある国家（国家A）が、もうひとつの国家（国家B）の正統な政府を支持しているとしよう。国家Bの領域内では、非国家主体が政府に対して反乱戦を展開している国家Aは、その政府に対する軍事面での支援の一環として対反乱戦への協力を約束し、自国の軍隊を派兵した。派兵された兵士たちが基地の近隣の村をパトロールしていると、子ども兵士による奇襲に遭った。兵士は、10歳にも満たないような子ども兵士が自分に対して小銃の銃口

を向けてくるのを見た。さて、その兵士が、子ども兵士を射撃することは道徳的に許容されるのだろうか。

例2
　ある国家（国家A）が、もうひとつの国家（国家B）の正統な政府を支持しているとしよう。国家Bの領域内では、非国家主体が政府に対して反乱戦を展開している。国家Aは、その政府に対する軍事面での支援の一環として対反乱戦への協力を約束し、自国の軍隊を派兵して遠征介入を行った。派兵された国家Aの軍隊に属する兵士たちは。パトロールを終えて村の広場で小休止していた。すると、歩哨として周囲の警戒にあたっていた兵士は、明らかに爆発物が入っているベストを着た、10歳にも満たない子どもが広場に向かって走り寄ってくるのを見た。さて、その兵士が、子ども兵士を射撃することは道徳的に許容されるのだろうか。

どちらの事例においても、「子ども兵士を射撃することは道徳的に許容される場合があると考えられる。第一の事例では、「もし子ども兵士が直接の敵対行為に参加しているのであれば、その直接の脅威を取り除くために子ども兵士を攻撃することは道徳的に許容されるのだろうか」という第一の問いへの応答として自己防衛を理由としてあげることができる。自身に対する明白かつ差し迫った脅威を取り除くために最後に残された唯一の方法が子ども兵士の射撃することしかないならば、その行為は道徳的に許容される。
　第二の事例では、「もし子ども兵士が脅威を及ぼすのであるならば、兵士自身や自らの所属する部隊や第三者を保護するために攻撃を行うことは道徳的に許容されるのだろうか」という第二の問いへの応答として他者防衛を理由としてあげることができる。防衛されるべき他者に対する明白かつ差し迫った脅威を取り除くために最後に残された唯一の方法が子ども兵士を射撃することしかないのであれば、その行為

は道徳的に許容されると考えるだろう。

両方の事例において重要なのは、「最後に残された唯一の方法」という点である。もし射撃以外によって脅威を除去できる方法があるとするならば、そしてその方法が子ども兵士に危害を加えるものであるならば、子ども兵士を射撃することが道徳的に許容されるか否かについては疑義があるかもしれない。もしそうでなくとも、少なくとも子ども兵士に危害を加えることが「最後に残された唯一の方法」である否かは、私たちの道徳評価に何らかの影響を与えてもよいかもしれない。

この点について、ジェフ・マクマン(Jeff McMahan)は、子ども兵士の道徳的行為者性と道徳的責任(moral responsibility)、そして子ども兵士自身が負うべき責任(liability)という観点から、戦闘において子ども兵士を攻撃することの道徳的許容性について以下のように論じている。

> 子ども兵士について最も合理的と思われる見方は次のとおりである。一般的に道徳的責任の行為者性についての能力は低く、戦争での行為について個人としての責任がさらに低くなるような条件下で行為する人々である。先に提示したように、もし不正な脅威を及ぼすことについての道徳的責任(moral responsibility)が、防衛のための暴力が行使されることに責任(liability)を負うことの基盤であるならば、またもしその負うべき責任(liability)が程度の問題であり個人の[道徳的]責任([moral] responsibility)の程度が変化するならば、子ども兵士は戦争において攻撃されることに対して、非常に少ないながらも自身の[行為、つまり脅威を及ぼすことについての]責任を帰せられる[*19]。

言い換えると、こういうことになる。子ども兵士を攻撃することは道徳的に許容される。その理由は、大人と比べて低いながらも、子ど

も兵士は道徳的行為者性を有し、それゆえ戦闘という行為に道徳的責任を有するので、兵士によって攻撃されることについての責任を自らが負うからである。

　子ども兵士を攻撃することの道徳的許容性を道徳的責任から導き出すことについて、ひとつだけ付言したい。それは、子ども兵士をひとつのカテゴリーとして扱うこと自体に問題があるのかもしれないということである。子ども兵士の年齢は8歳くらいから18歳未満までの開きがある。一括りに子ども兵士といっても、各々の子どもの年齢や発達段階によるが、例えば8歳の子ども、13歳の子ども、17歳の子どもの道徳的責任の行為者性についての能力を比較した場合、その程度や度合いに明かな違いがあるだろう。もしそうであるならば、自らの行為についての道徳的責任（moral responsibility）と、その行為に対して負う責任（liability）の程度や度合いに差があると考えられる。

　境界事例ではあるが、上記の理由により、8歳の子ども兵士を17歳の子ども兵士を同じように「子ども兵士」というひとつのカテゴリーで扱うことは難しいように思われる。戦闘に参加する8歳の子ども兵士の道徳的責任はどの程度あるのだろうか。確かに、民間人への攻撃や残虐行為を行うことについての善悪を判断する能力は多かれ少なかれ有しているかもしれない。しかし、民間人への攻撃や残虐行為を行うことについての道徳的責任を問うことと、敵対する大人の職業軍人によって構成される軍隊の兵士との戦闘を行うことについて子ども兵士の道徳的責任を問うこととは本質的な違いがあるだろう。

　とはいえ、もし8歳の子ども兵士が銃を向けて発砲してきたら、もし爆発物を持って向かってきたらどうだろうか。自己防衛または他者防衛またはその両方の場合において、最終手段として物理的強制力を用いることによって子ども兵士を無力化し脅威を取り除くことは道徳的に許容されると考えてよいだろう。

　もちろん、子ども兵士に危害を加えるか否かは、究極のところその兵士の「生き方」なのかもしれない。単なる一個人としては、自己防衛のためだけであれば子ども兵士に危害を加えないという選択を行っ

たとしても、必ずしも非難されないだろう。しかし、軍事専門職に就く者としては、自らの安全が任務の遂行に必要である場合、他の人々の生命にも影響を及ぼす場合、そしてその人々が自らに課された任務の定めるところの保護すべき対象であるならば、その人々や自らに対する脅威を除去することは、少なくとも軍事専門職倫理上の義務となりえる。

■ 「子ども兵士」と兵士の「道徳的罠」

今後においても、職業軍人で構成される軍隊の兵士が子ども兵士と戦闘を行うことが起こるだろう。それを見越して、カナダ軍は2017年、自国兵士が子ども兵士との戦闘を行う状況を念頭に置いた軍事マニュアルを採用した。これは兵士が道徳ジレンマを回避したり緩和したりするため、また道徳的な後悔や罪の意識や自責の念を負わないようにするために有益であるだろう。しかし、それでも、子ども兵士を戦争で殺傷したことによってPTSDを発症したり、自殺したりする兵士や帰還兵がいなくなることはないかもしれない。

子ども兵士を死傷させてしまった兵士は、道徳的な後悔や罪の意識や自責の念を抱くかもしれない。そのような思いを生じさせないことは難しく、取り去ることも容易ではないだろう。この問題に解決はあるだろうか。

最善の策は、子どもが兵士として戦闘に参加するような状況を作らないこと、子どもを戦闘に参加させないことにある。確かに、そのために多くの取り組みがなされている。しかし、子どもを戦闘に参加させないことを今日明日に完全に実現することは難しいように思われる。現在でも、世界各地に数十万人の子どもが兵士として利用されているという現実に対してどのように立ち向かい、どのような有効な方策があり、そしてそのような方策を実施していくかは大きな課題である。

次善の策として、兵士が子ども兵士との戦闘を行わないことである。もしお互いが戦闘を行う状況がなければ、少なくとも戦闘そのものからのリスクや、戦闘後にひきおこされるかもしれないリスクがな

くなる。それならば、どちらにとってもよいことに思われる。確かに、子ども兵士との戦闘を行わなければ、兵士は子ども兵士を死傷させることはないので、そのことによる道徳的な後悔や罪の意識や自責の念を抱くことはなくなる。しかし、これも実現することが難しいように思われる。というのは、「イスラム国」や「ボコ・ハラム」に代表されるように、いくつかの反政府武装集団は子どもを兵士として戦闘に投入することに躊躇するどころか積極的だからである。兵士がそのような武装集団との戦闘を行う限り、または戦闘に巻き込まれる状況にある限り、子ども兵士との戦闘を避けることができないだろう。

　私たちはここにある種の「道徳的罠」を見ることができるだろう。この状況下では、子ども兵士と闘ったとしても闘わなかったとしても、兵士は道徳的な後悔や罪の意識を抱くことになる。

　この「道徳的罠」が深刻になるのは、遠征軍事介入であろう。ここでは、特にNATO加盟国の軍隊を念頭に置こう。というのは、NATO加盟国は、子どもを兵士として動員したり、直接の戦闘行為に参加させたりはしていないだけではなく、往々にして遠征軍事介入を行う主体だからである。

　子ども兵士との戦闘をめぐる「道徳的罠」の問題に対する一応の解決のカギは、遠征軍事介入の特徴にあると考えられる。その特徴は、子どもが兵士として軍務についている紛争地に遠征軍事介入を行う国家は、自国の兵士が子ども兵士と遭遇し、戦闘を行うことから生じる「道徳的罠」を知りつつ、また兵士たちがその罠にかけられる可能性があることを知りつつも、進んで派兵を行う点にある。すでに見たように、遠征軍事介入は、介入する意志と能力の両方を併せ持つ国家しか行うことができない。つまり、遠征軍事介入は、自発的かつ選択的であり、「贅沢な」行為である。というのは、「国家は自国の防衛を最優先にする」という命題が真であるならば、遠征軍事介入は介入対象国以外の他の国家によって自国の存立が脅かされている状況――例えば、首都を含む統治領域内の主要都市に対する大規模な侵略――において行われるものではないからだ。自国存亡の危機において、自国

の存立には直接の関係がない国家への遠征軍事介入を行うために軍隊を派遣し、それに軍事力を割く「余裕のある」国家はないだろう。国家防衛に切羽詰った状況ではないからこそ、さしあたり「余裕」のある兵力を遠征軍事介入に投入することができるのだ。

　そのような自発的かつ選択的な「贅沢な」軍事行動である遠征軍事介入において、兵士が子ども兵士と対峙した場合には、倫理学的視座から何が言えるのだろうか。志願制の軍隊の兵士が子ども兵士と戦闘を行う可能性を自発的に受け入れたのであれば、それは契約であり、また選択である。子ども兵士と戦闘を行う可能性を受け入れるのも拒否するのも、志願制の軍隊の兵士には一定の選択の自由が与えられている。子ども兵士との戦闘を行うような任務を拒否できるかもしれないし、除隊することも選択肢としてありえるかもしれない。除隊は軍人としての職務経歴を断つことを意味する過酷な選択であるかもしれない。しかし、それでもなお、兵士には選択の自由が保障されている。

　とはいえ、徴兵制の軍隊の兵士の場合には状況が異なるだろう。徴兵された兵士の選択は、志願した兵士の選択よりも限られたものになりうる。任務を拒否した場合には懲罰を受ける場合もあるかもしれない。しかし、任務を拒否することもまた、兵士の選択である。もし強制的に子ども兵士との戦闘に参加させられる兵士がいるとすれば、私たちは子ども兵士に対してだけではなく、その兵士に対しても共感と道徳的懸念を持ってもよいのかもしれない。

【注と文献】
* 1　UNICEF, *Beyond Chibok: Over 1.3 Million Children Uprooted by Boko Haram Violence*（2016）, p. 1. https://www.unicef.org/infobycountry/files/Beyond_Chibok.pdf, accessed on April 15, 2018.
* 2　*Ibid*., p. 2.
* 3　United Nations, 'Children and armed conflict: Report of the Secretary General', A/72/361-S/2017/821（August 24, 2017）.
* 4　「1999年の最悪の形態の児童労働条約（第182号）」http://www.ilo.org/tokyo/standards/list-of-conventions/WCMS_238053/lang--ja/index.htm, 2018年4月26日アクセス.

* 5 「最悪の形態の児童労働の撤廃：ILO 第 182 号条約への実務的ガイド（議会人のためのハンドブック第 3 号 2002 年）」http://www.oit.org/public//japanese/region/asro/tokyo/pdf/ilo-ipu-guide.pdf, 2018 年 4 月 26 日アクセス．
* 6 同上。11 頁。
* 7 著者は、この引用の主張に諸手をあげて賛成しているわけではない。特に、引用内に例示してあるような労働参加を通して「児童が成人した時に社会に役立つ生産的な大人になるための準備ともなる」のかどうかについては慎重な検討が必要であると思われる。また、「社会に役立つ生産的な大人」を準備することが重要であるのか、さらに「社会に役立つ生産的な大人」とはどのようなものなのかといったことについてしっかりした議論が必要であると思われる。しかし、「子どもにとって、精神的、肉体的、社会的、道徳的に危険であり、有害である」労働を一方的かつ強制的に課すこと、ならびに社会生活を送る上で必要となることを学ぶことができる（または、学んだほうがよい、学ぶことが望まれる、ないし学ぶことが求められる）教育を受けられる機会を一方的にかつ強制的に奪うことは、どのような理由や条件下であったとしても無条件で許容されるとは考えられないだろう。
* 8 「最悪の形態の児童労働の撤廃：ILO 第 182 号条約への実務的ガイド」前掲。
* 9 同上。
* 10 ここで注意すべきは、児童労働によって現在と未来を搾取された人々が人生を謳歌していないとか、よりよい人生を送っていないという主張をしているわけではないという点である。
* 11 「最悪の形態の児童労働の撤廃：ILO 第 182 号条約への実務的ガイド」前掲、26 頁。
* 12 Ilse Derluyn, et al., 'Post-traumatic Stress in Former Ugandan Child Soldiers', *Lancet*, 363 (2004), pp. 861–863.
* 13 *Ibid*., at p. 863.
* 14 Peter W. Singer, 'Caution: Children at War', *Parameters: The US Army War College Quarterly* (Winter 2001–02), pp 156–172 at p. 156.
* 15 もちろんながら、「西洋社会」が何を指すのか、「西洋社会」なるものが一枚岩なのか、「西洋社会」の中には多様性やばらつきはないのか、イスラエルは「西洋社会」を構成し、イスラエル国防軍は「西洋社会」の軍隊として考えられるのかといった数多くの疑問が生じるかもしれない。しかし、ここでは欧米諸国で構成される NATO 軍が共同での軍事作戦遂行を可能にする程度の考えや思考を共有しているとはみなすことができるだろう。
* 16 Eyal Ben-Ari, 'Facing Child Soldiers, Moral Issues, and 'Real Soldiering': Anthropological Perspectives on Professional Armed Forces', *Scientia Militaria, South African Journal of Military Studies*, 37(1) (2009), pp. 1

−24 at p. 11.
* 17 *Ibid.*
* 18 *Ibid.*, p. 12.
* 19 Jeff Macmahan, 'Child Soldiers: Ethical Perspective' (2006), pp.1–9, p.7. http://jeffersonmcmahan.com/wp-content/uploads/2012/11/Child-Soldiers-FINAL.pdf, accessed on May 8, 2018.

第5章

自殺攻撃の許容可能性[*1]

　2001年、著者はイギリス南部のオックスフォードに住んでいた。9月、街中にある書店に併設された喫茶店で新聞を読んでいると、誰かが「ニューヨークで航空機がビルに衝突した」と話しているのが聞こえた。その時は何のことか分からず、聞き違いだと思ったが、夕方に家に戻ってテレビを点けるとBBCでニュース特番が放映されていた。その映像は、まさに航空機が世界貿易センタービルに衝突する場面であった。2棟のビルにそれぞれ一機ずつ航空機が衝突し、両棟が崩壊する映像が繰り返し放映され、アメリカ国防総省にも航空機が衝突したという報道が入ったことを記憶している。それらの航空機がテロリストにハイジャックされ、乗客と乗員を乗せたまま自殺攻撃に使われたテロ事件であることが判明したのは間もなくのことだった。今世紀は、世界中の人が目撃した、史上最も耳目を集めた自殺攻撃によって幕を開けたといっても過言ではない。

　それ以降、自殺攻撃とテロリズムが強く結び付けられるようになった。私たちは、現代のテロリズムは自殺攻撃によって象徴付けられるという印象を持っているのではないだろうか。事実として、私たちは「自爆テロ」という言葉はニュース報道で見たり聞いたりしたことがあるだろう。確かに、自爆テロはテロリストによる自殺攻撃の一形態である。また、自殺攻撃は武装集団やテロ行為を行う組織が好んで使う攻撃の手段や方法である。例えば、「イスラム国」は自殺攻撃に向かう前の戦闘員の声明や、自殺攻撃の現場を撮影した映像を製作し、世界中に配信している。

　しかし、後に見るように、自殺攻撃は反政府組織や武装集団だけの

特権ではない。また、自殺攻撃は今世紀に限られたことではない。実は、20世紀には、国家が先導した組織的な自殺攻撃が大規模に行われたのだ。本章では自殺攻撃に焦点を当て「剥き出しの非対称性」について考えてみたい。

■ 「自殺攻撃」とは
——「自殺行為に等しいような攻撃」との比較

「自殺攻撃（suicide attack）」とは何だろうか、ひとつの特徴は、攻撃を行うにあたって武器（例えば、拳銃、突撃ライフル、爆発物、ナイフや鉈など）、航空機、船舶、車両、またはそれらが複合的に用いられる。もうひとつの特徴は、人々を殺傷したり器物を破壊したりするための物理的強制力が行使される攻撃の方法である。さらに、一個人または複数の人々によって、組織的またはそうではなく、軍事組織の指揮系統の内または外で行われる。加えて、最も重要な点は、攻撃を行う者は、攻撃という行為の結果として自らの死を見据えていることである。

「自殺攻撃」は「自殺行為に等しいような攻撃（suicidal attack）」そのものではない。典型的な「自殺攻撃」の主要な特徴として、以下の4つをあげることができる。

1) 攻撃を行う者は、攻撃の必然の帰結として自らの死を見据えており、その攻撃を実行するにあたっては自らの死が前提であり、そして任務を達成するにはそれが必要であることを確信している。
2) 攻撃を行う者は、自らの死に覚悟があると推定される[*2]。
3) 攻撃を行う者は、逃避を選択肢として見据えておらず、撤退や退却についての計画を持たない。
4) 攻撃を行う者が交渉のテーブルに着く機会はまれである。

他方、典型的な「自殺行為に等しいような攻撃」の主要な特徴とし

て、以下の4つをあげることができる。

1) 攻撃を行う者は、自らの死に非常に高い可能性があることを見据えているが、それを必ずしも任務達成の一部として考えていない（例えば、任務達成後においても生きている、任務失敗、任務撤回・中止・中断といった偶発的な出来事が起こる余地があるという点で、自らの死が確約されたものではないと考えている）。
2) 攻撃を行う者は、任務遂行中や任務遂行後に自らが死なないという（ひょっとしたら非常に低いものであるかもしれないが）幾許かの確率を見据えている。
3) 攻撃を行う者は、いったん攻撃が終わったり、撤回・中止・中断されたり、阻止されたり、単純に失敗したりした後には、しばしば現場からの離脱するための計画を見据えている。
4) 攻撃を行う者は、潜在的にではあるが、交渉のテーブルに着く用意がある場合がある。

したがって、2つの攻撃を、まずは「自らの死」の可能性に注目して定義できる。

自殺攻撃：攻撃を行うにあたって「自らの死」という展望がある。（しかし、攻撃に成功しても失敗しても死なない場合はある。）
自殺行為に等しいような攻撃：攻撃を行うにあたっての「自らの死」は、あくまでも可能性であり、起こりうる結果のひとつにすぎない。

「自殺攻撃」と「自殺行為に等しいような攻撃」の差異をより明確にするために、人質が取られている状況を検討しよう。もし人質を取った者が人質や他の人々を殺傷するための「自殺任務」に就いてい

るならば、交渉の余地はほぼないだろう。もし人質をとる目的が人質を殺害することにあるならば、人質を取った者にとって交渉という選択肢はないだろう。

しかし、もし人質を取った者が「自殺行為に等しいような任務」に就いていて、自らの主義主張の宣伝や身代金といった、ただ人々を殺傷するだけ以外の目的があるならば、交渉の余地はあるかもしれない。例えば、人質解放の条件として、安全な脱出経路の確保や、身代金の支払いや捕虜の釈放といったことを要求することも考えられよう。

後知恵かもしれないが、「自殺行為に等しいような攻撃」が、攻撃計画や攻撃の初期段階の時点では「自殺任務」そのものとして策定されていないにもかかわらず、当初の攻撃計画が失敗したり現場から離脱する手段がすべて尽きたりした場合に、結果として「自殺攻撃」になることが起こりうることは特筆に価する。そのような状況では、攻撃を行う者は離脱を断念し、「自殺行為に等しいような攻撃」を「自殺攻撃」に戦術的に変更することもあるだろう。そのような変更には、死を覚悟した撃ち合い、所持している爆発物の起爆、操縦している航空機を標的に体当たりさせるといった行為が含まれよう。それゆえ、本章では、「自殺攻撃」を、「自殺攻撃」として策定され、そのように遂行された攻撃だけではなく、結果として「自殺任務」となった攻撃という意味で用いることにしたい。

自殺攻撃に直接的に関わるのは、大きく分けて3つに分けることができる。それは、「攻撃を行う者」、「攻撃される者」、そして「攻撃の巻き添えになる者」である。「攻撃する者」とは、戦争遂行のために自殺攻撃を組織的に用いる交戦勢力である。具体的には、自殺攻撃の直接の指揮を執る者、実際に自殺攻撃を行う者、そして攻撃を行う者の補助者である[*3]。「攻撃される者」と「攻撃の巻き添えになる者」とは、交戦勢力双方の戦闘員であったり民間人であったりする。

■ 自殺攻撃における標的の道徳的地位

　ここでは、標的の道徳的地位から自殺攻撃の（非）道徳性を考えよう。武力紛争法や、戦争倫理学での正戦論における「戦争における正義（jus in bello）」を構成する「区別」の原則では、自殺攻撃が民間人や民用物ないしその両方を意図的に標的として攻撃を行うこと、または戦闘員と軍用物、民間人と民用物とを区別しない無差別攻撃を行うことは許容されないとされる[*4]。民間人や民用物に対する攻撃が禁止される理由は、民間人の道徳的地位にある。それは、民間人は直接の敵対行為に参加していないという点において無害であるからである。

　しかし、自殺攻撃が戦闘員や軍事目標やその両方のみを標的とし、またその攻撃によって得られる軍事的利得と民間人や民用物に対する付随的被害とが釣り合っている（「手段の比例性（proportionality in means）」の原則が満たされる）場合においては、その攻撃は許容されうる[*5]。戦闘員や軍事目標に対する攻撃は、その軍事的特性、つまり直接の敵対行為——具体的には戦争、軍事作戦、戦闘——に参加している、または用いられていることによって許容される。

　武力紛争においては、戦闘員の殺傷や軍用物の破壊を企図した自殺攻撃がテロ行為と呼ばれることがあるが、必ずしも厳密にはそうではない。先に見た手段の比例性の原則が満たされる限りにおいて、その自殺攻撃は法的にも道徳的にも許容されうる。自殺攻撃だろうが、そうではない攻撃だろうが、武力紛争において戦闘員を攻撃することは一般的に許容される。マイケル・ウォルツァー（Michael Walzer）は、戦闘員は敵戦闘員を殺傷することが許容されるという特権を保有するのと引き換えに、殺傷されない権利を喪失すると論じている[*6]。

　興味をそそるような問いは、軍務に就いていない兵士や徴兵された兵士の道徳的地位である。休日に浜辺でバーベキューをしている兵士の道徳的地位はいかなるものだろうか。良心的兵役拒否の申請がうまくいかず、後方支援部隊に配属された徴兵された兵士の道徳的地位はいかなるものだろうか。それらの兵士の道徳的地位は、その時点にお

いて殺傷行為に直接参加していないという点で、索敵撃滅作戦を任務として遂行中の特殊部隊の兵士の道徳的地位とは異なっているように思われる。この考え方は「行為そのもの」に焦点を当てているが、もう片方の「兵士であること」という点も考慮する必要がある。このことは、非番の兵士、徴兵された兵士、特殊部隊の兵士ともに軍事組織の指揮系統下にいるということである。

まとめるに、標的の道徳的地位という視座から許容される自殺攻撃とは、標的が戦闘員または軍事目標またはその両方のみであり、同時に民間人や民用物への予期される被害が限定されている場合である。

■　（広義の）自殺攻撃を行う者の道徳的地位と道徳的責任[*7]

これまで、必ずしも自殺攻撃が許容されないとは限らないということを見てきた。自殺攻撃の（非）道徳性についてさらに検討を進めるために、自殺攻撃に関わったり、実行したりする行為者の道徳的地位と道徳的責任について検討したい。それらの行為者は以下の4つのタイプに分類できる。

　　タイプ1の行為者：道徳的行為者として考慮されない者（つまり、善悪や正不正といった道徳的思考や判断を含む合理的思考や判断を行う能力を欠いているか、その能力が顕著に低い者。例えば、乳児や幼児。議論のあるところではあるが、年齢の低い児童も含まれるかもしれない。）

　　タイプ2の行為者：明確な同意がない、または知らないまま実行者に仕立て上げられてしまった者。

　　タイプ3の行為者：強制的に実行者にさせられてしまった者。

　　タイプ4の行為者：自らの行いを理解し、また自発的に行う者。

上記4つのタイプの行為者の道徳的地位の違いは、それらの行為者の道徳的責任という点から検討することができる。

　厳密に言うと、タイプ1の行為者は「自殺攻撃」の実行者とはいえない。先に論じたように、典型的な自殺攻撃には4つの特徴がある。しかし、タイプ1の行為者は、道徳的行為者ではない以上、攻撃の必然の帰結として自らの死を見据えることは不可能または非常に困難である（または、私たちはそのように判断せざるをえない）。また、同じ理由により、その攻撃を実行するにあたっては自らの死が前提であり、そして任務を達成するにはそれが必要であることを確信することは不可能または非常に困難である。さらに、自らの死に覚悟があるとは推定できない。タイプ1の行為者は、自らの死の必要性について確信してもいないし、気づいてすらいないし、そのための準備や心構えすら持ち合わせていない。その点で、タイプ1の行為者は、より正確には「強制された、または嵌められた、搾取的な死による攻撃」とよぶことができるだろう。というのは、そのような攻撃は、何の罪のない無害な人々を殺傷するだけではなく、さらに多くの人々を恐怖に陥れることを目的としており、その攻撃が行われるにあたっては、やはり何の罪のないタイプ1の行為者がその目的を達成するための手段としてのみ扱われるという搾取の構造が存在するからだ。

　しかし、他のタイプの自殺攻撃の実行者の同等的地位を明確にし、またそれらの攻撃の道徳的（非）許容性について検討するために、タイプ1の行為者を「広義における自殺攻撃の実行者」とし、またその攻撃を「広義の自殺攻撃」としよう。タイプ1の行為者による攻撃の標的が人々、軍事物、民用物、またはその両方であるか否かにかかわらず、タイプ1の行為者は、そのような状況において自律性を有しないという点で道徳的に罪がないといえる。その理由は、タイプ1の行為者は、自らの行いを理解しておらず、それゆえ攻撃に道徳的責任を有さないからである。タイプ1の行為者は、その攻撃を企図した他者の目的を達成するための単なる手段（例えば「人間の盾(human shield)[*8]」や「生きた台車」）として搾取される。

例えば、乳児が、荷台に爆発物を満載して人々で混み合ったショッピングセンターに向けて走行するトラックの正面に縛り付けられている状況を想定してみよう。まさに、「人間の盾」である。この状況においては、乳児は道徳的行為者ではない。それゆえ、道徳的に罪がなく、また攻撃に何ら責任を有していないという点でタイプ1の行為者に該当する。トラックがショッピングセンターに突入したとしても、またはその途中でトラックが破壊されたとしても、乳児は確実に被害を受けるだろう。もしトラックがショッピングセンターに突入する前に破壊された場合には、その場所で爆発物が爆発しないか、またはショッピングセンターから離れた場所で爆発したとしても、ショッピングセンターにいる人々を死傷することは避けられるかもしれない。

加えて、乳児は直接の敵対行為に参加していないという点において無害である点も考慮されるべきである。乳児が道徳的行為者ではないということ（つまり、道徳的に罪がなく、道徳的責任を帰す対象ではないということ）、また実質的に直接の敵対行為に参加してないという点において無害であるということが示唆するのは、ひとえに直接の攻撃の標的にしてはならないということである。

爆発物を満載したトラックの脅威に対する対抗措置としてそのトラックを破壊することは、もし私たちが手段の比例性の原則を受け入れるとするならば、たとえその措置が乳児を深刻な危険に晒すことになったとしても許容されるとみなすべきかもしれない。トラックは、直接的で明白かつ深刻な、差し迫った脅威である。その脅威を取り除くための防御的措置としてトラックを破壊することは許容されると考えられる。

もしそうでなければ、（いずれにせよ乳児の生命は深刻なリスクと危険に晒されることにはなるのだが、それに加えて）ショッピングセンターにいる多くの買い物客や販売業者の生命が高いリスクに晒されることを意味するだけではなく、その人々が殺傷されることを（間接的にでも）許容することを意味するからだ。

このような状況では、乳児に加えて、ショッピングセンターの買い

物客や販売業者は、もし攻撃が行われたら被害を受けるだろう潜在的な犠牲者として数えられるだろう。さらに、そのトラックを破壊した人々（つまり、兵士または戦闘員）もまた、たとえトラックによる攻撃を阻止できたとしても、もしそのための対抗措置によって乳児に危害を加えてしまったら、ある意味で犠牲者として数えられるかもしれない。許容されうる暴力の行使にもかかわらず、そのためとはいえ乳児に危害を加えてしまったことに対して良心の呵責に苛まれるかもしれない。

　別の状況を想定してみよう。タイプ１の行為者である７歳の少女が、市場に向かって歩いてきた。少女のバッグの底には遠隔操作で起爆できる爆発物が隠されている。少女がそのことを知らないか、それが何であるかを理解していなくとも、近くにいるはずだが姿の見えない何者かが持つ携帯電話によって爆発物を起爆させることができる。市場を警備する兵士は少女に立ち止まるよう叫び、また威嚇射撃を行った。しかし、少女は市場の人だかりの方に向かって歩き続けている。もし少女が人だかりに紛れてしまい、そこで爆発が起きたら、大規模な死傷者数になることは避けられないだろう。もし兵士が少女を射撃すれば、人だかりに紛れることを阻止できる。もしその場所で爆発が起きたとしても、兵士自身や他の人々が死傷する可能性はほぼゼロであると予測される。少女を射撃することによって攻撃は阻止され、犠牲者が発生することは避けられる。兵士は、まだ人だかりから離れたところを歩く少女を撃ったところ、何らかの理由で爆発物は起爆しなかった。その少女は銃撃によって負傷したが、少女以外の他の誰もが死傷しなかった。

　この状況において、行為者としての少女は、道徳的に罪がなく、知らないうちに爆発物の「運び屋」として使われてしまったことに責任を帰されないのではあるが、市場の人々、ひょっとしたら兵士に対しても重大な潜在的脅威である。先の乳児の例のように、少女は犠牲者である。もし少女の持っている爆発物が人だかりで爆発したとしても、または銃撃を受けたとしても、いずれであっても少女は危害を受

けることは確実である。少女を射撃した兵士は、自らの行いに対して責任がある。それは、差し迫った直接の脅威を除去または阻止するという目的を果たすことと同時に、（それ自体が目的ではないとしても、無力化を意図して）少女に危害を加えることについての責任である。その意味で、少女を射撃した兵士もまた犠牲者として考えられるかもしれない。というのは、攻撃の首謀者によってとりうる行為の選択肢を限定され、それゆえに、もしそうではなければとらなかったであろう行為として少女に危害を加えることを強制させられたという意味で、「罠に嵌められた」と考えられるからである。兵士は、罪のない少女を射撃するか、またはそのまま少女を人だかりに向かわせる以外の実行可能な選択肢を持っていなかったのかもしれない。道徳的に非難されるのは、少女でも、兵士でも、市場の人々ではない。それは攻撃を画策した首謀者たちである。その理由は、首謀者は、爆発によって人々と共に死傷することになるか、または兵士によって危害を加えられることになるかのどちらかを少女に強要するからだ。

さらに言えば、少女を銃撃することは、少女自身の生命をも守ることになるかもしれない。少女が市場に向かうことを銃撃によって阻止さえできれば、その銃撃は必ずしも致死的である必要はない。ひょっとしたら、少女が市場に入れないことによって、爆破計画が中止されるかもしれない。不幸であり、悲しいことではあるが、少女を撃つべきである。

次に、タイプ2の行為者の場合はどうだろうか。タイプ2の行為者は、タイプ1の行為者と同じ理由により、厳密な意味での自殺攻撃者とよぶことができないかもしれない。しかし、タイプ2の行為者は、タイプ1の行為者を広義の自殺攻撃者としてみなすことができるという同じ理由により、タイプ2の行為者を自殺攻撃者とし、またその攻撃を自殺攻撃として扱ってもよいだろう。

タイプ2の行為者の道徳的地位は、複雑なものであるように思われる。タイプ2の行為者は自律的である。自身の行いを、自身で判断し、知り、理解できる能力を持つ。しかし、タイプ2の行為者の

道徳的地位は、受諾した事由の内容と、関わることを決定した行為に依存し、それによって判断されるだろう。次の状況を想定してみよう。運送業者が、入院患者のための医療品が入っているはずのバックを病院に届けるよう依頼を受けた。しかし、医療品が入っているはずのバッグには、実際には爆発物が入っている、運送業者は、バッグに医療品が入っていると依頼者から伝えられており、そうであると信じている。運送業者は、バックに爆発物が入っていることを知る由もなく、バックの中身をチェックする手段を持っていない。保健衛生省の標章によって封印されたバッグは、何ら疑わしく見えない。依頼主は保健衛生省の職員を名乗り、職員証を持っており、疑わしいところはないのだが、実は病院への攻撃を画策する首謀者であった。運送業者が病院の正面玄関を入ると、首謀者が爆発物を起爆した。その攻撃は、爆発によって数十人が死傷し、建物の半分以上が破壊されたという点において（道徳的に許容されないということは言うまでもないが）「大成功」であった。

　この事例において道徳的に最も非難されるのは、タイプ2の行為者である運送業者から搾取を行った攻撃の首謀者であることに疑う余地はなさそうである。では、自分の知らないうちに結果として実行者に仕立て上げられてしまった、タイプ2の行為者である運送業者の道徳的地位と道徳的責任とは、一体どのようなものであろうか。

　このことに関して、いくつかの問いを立てることができるだろう。1つ目には、「運送業者は、その攻撃について道徳的に罪がないのだろうか」という問いを立てられるかもしれない。この問いについての応答として、「罪がない」という判断が妥当であるように思われる。というのは、運送業者は、攻撃の首謀者が人々を死傷させたり器物を破壊したりすることを目的として起爆した爆発物を運んでいること、さらに言えば攻撃作戦に利用されていることに何も知りえなかったからである。運送業者には道徳的責任はないといえそうである。

　2つ目には、「運送業者は、病院の職員、患者、訪問者にとって害悪を及ぼすだろうか」という問いを立てることができるかもしれな

い。事実として、「害悪を及ぼす」ということには間違いない。

　3つ目には、「運送業者は、そのバッグを病院に届けたという行為について道徳的責任があるだろうか」という問いを立てることができるかもしれない。確かに、運送した物がバックであり、また依頼者の要求を受け入れたという点において、道徳的に責任があるといえるかもしれない。しかし、「人々や病院に対する攻撃について直接の道徳的責任を負うものではない」と考えてもよいだろう。というのは、その運送業者は、攻撃の首謀者たる運送の依頼者が運送物についての虚偽の説明を受けており、自らが運送するバッグに爆発物が隠されていることに知る由もないし、調べるすべもなかったからである。

　4つ目に、「運送業者は、爆発によって生じた人々の死傷や建物や設備の破壊といった被害について道徳的に非難されるのだろうか」という問いが立てられるだろう。おそらく、「非難されない」のではないだろうか。その理由は、やはり先の応答と同じように、バッグの真の中身について知る由もないし、調べるすべもなかったからだ。さらに、もしかしたら、私たちは運送業者を、病院を標的とした攻撃という目的を達成するためのただの手段として本人の同意ないまま知らずに搾取された、もう1人の犠牲者として評価してよいかもしれない。

　それでは、その運送業者に代表されるタイプ2の行為者を攻撃の標的とすることは許容されるのであろうか。確かに、運送業者は、自らが実行者に仕立て上げられてしまった攻撃について不可避的に無知であったという点において道徳的に罪がないとみなされるかもしれない。しかし、起爆可能な爆発物を保有している限りにおいて、人々の脅威である。それでは、民間人である運送業者を正当な標的として攻撃することは許容されるのであろうか。この事例の文脈や、もともとの攻撃の標的とされる人々や病院、またそれらを防衛する者に対する（潜在的または顕在化した）直接の脅威であるというタイプ2の行為者の性質や状況に鑑みるに、人々や病院に対する被害を阻止したり軽減させたりするためであれば、タイプ2の行為者を攻撃の正当な標的としてみなすことが許容されるだろう。

タイプ3の行為者は、しばしば強要または脅迫されて、自身の意思とは無関係に（むしろ、時として意思に反して）、攻撃の首謀者によって搾取される者である。タイプ3の行為者の道徳的地位を検討するにあたっては、自らの意思とは関係なく、または反するところで軍事攻撃に強制的に参加させられるという点で同様である、徴兵された戦闘員との比較と類推を行うことを通して吟味することが有用であると思われる。タイプ3の行為者のように、徴兵された典型的な戦闘員は、必ずしも自らの意思とは関係なく、また同意の有無に関わらず、しばしば強制されて軍務についている。しかし、徴兵された戦争員は、戦闘員として直接の敵対行為に参加している限りにおいて、戦場における正当な軍事目標としてみなされる。というのは、たとえ戦闘員に道徳的な罪がなくとも、それらの戦闘員は敵戦闘員にとって潜在的に危害を加えることができるような存在であるからだ。戦闘員という地位と、敵戦闘員を死傷することができる能力とを有していることは、戦闘において標的とされない権利を喪失することを意味する。タイプ3の行為者もまた、正当な軍事目標とされる。というのは、タイプ3の行為者は、標的を殺傷したり破壊したりする潜在性を有するという点で潜在的に害をもたらしうる存在であるからだ。

　ここで、具体的な例について考えてみよう。ある農民が、遠隔操作で起爆ができる爆発物を農作物運搬用の荷車にこっそり積んで市場に向かうために、外国の駐留軍兵士が管理する検問所を通り過ぎるように攻撃の首謀者に強要されているとしよう。攻撃の首謀者――ここでは、反政府武装勢力の幹部としよう――は、農民の娘を人質として取っており、もし農民が指示に従わなければ娘を殺害するという脅しをかけている。農民は民間人であり、今までいかなる反政府武装組織に所属したことはないし、それらの武装勢力が掲げる目標に共感を覚えたこともない。農民は、悪い時の悪い場所にたまたま居合わせてしまっただけであり、そのためだけのために武装勢力が描く構図において役割を演じさせされるよう強制的に仕向けられてしまったのだ。それにもかかわらず、農民は自分の行いについて完全に自覚・理解をし

ており、農民の行為は（強要されているとはいえ）意図的である。ここにおいて、農民は、すでに農民が有する爆発物によって標的とされる対象——チェックポイントを管理する駐留軍の兵士、または市場にいる人々、またはそのまわりにいる人々すべて——にとって深刻な脅威となっている。

　ここにおいて、農民の道徳的地位は、徴兵された戦闘員の道徳的地位と似たものとして考えることができるだろう。もし、徴兵された戦闘員を攻撃することが許容されるという議論を受け入れるならば、その農民を攻撃することが許容されるという議論を受け入れてもよいだろう。というのは、兵士が荷車に爆発物を積んでいることを知った時には、農民は潜在的ではなく現実の脅威として認識されるからである。

　ある行為者への攻撃か許容されるかどうかは、その行為者の「そうであること（being）」（一時的にでもその時に軍事組織の指揮系統に属していること）と「そうしていること（doing）」（他者に危害を加える意図を持って、ないし自らの意図とは関係ないにも関わらず、そのような計画に参加していること）によって判断される。この事例では、農民は、人々を殺傷したり器物を破壊したりするための爆発物を、首謀者の強要とはいえ故意に運んでいる。ここにおいて、農民は反政府武装の指揮系統に事実上組み込まれており、また直接の敵対行為に参加していると考えることができる。特に、「そうしていること」——直接の敵対行為に参加していること——が、農民を攻撃の標的にすることが許容されると考えられる理由であるだろう。

　それでは、私たちは、農民の行いは道徳的非難に値すると考えるだろうか。筆者は、直観ではあるが、もし農民が運んでいる爆発物の標的が兵士だけではなく無差別であったり、または意図的に民間人のみを標的にしたりするものであることを農民自身が知っていた上での行為だとしたら、強要されて行った行為であったとしても道徳的非難に値すると考える。特に、農民が罪のない非武装の民間人のふりをして人々を攻撃するのであれば、なおさらのことである。

　タイプ4の行為者は、自己確信的であり、自らの行為の理由と結

果（つまり、自らが信奉する大義を有すること、自らが代償を払うこと）を理解しており、自発的に攻撃に参加する者である。次の2つの例を比較してみよう。軍用機や艦艇などの軍事目標に対する自発的な自殺攻撃と、空港や駅や病院といった民間の施設に対する自発的な自殺攻撃である[*9]。前者の具体例として、第二次世界大戦のアジア・太平洋戦域におけるアメリカ艦艇に対する日本軍の航空機による自殺攻撃をあげることができる。後者の具体例として、現代における空港、病院、ホテル、劇場、市場、ショッピングモール、バスや地下鉄などの公共交通機関での自殺攻撃をあげることができる。

それら2つの間には決定的な違いがある。前者は、戦闘員と軍事目標のみを標的とした、法的にも道徳的にも許容されうる戦い方である。しかし、後者は、人々の間に恐怖を巻き起こしたり、政府の政策に影響を与えたり転換を迫ったりする目的のために、時として意図的に民間人を標的にした無差別攻撃である。後者は、法的にも道徳的にも許容できない、つまりテロ行為である。

指摘するまでもないと思われるが、本書は自殺攻撃を擁護しているわけではない。本章で論じようと試みたことは、次の2つである。ひとつは、タイプ4の行為者による軍事目標への自殺攻撃と、その他のタイプの行為者による自殺攻撃との間には（たとえ程度の差なのかもしれないが）自律という点で大きな違いがあることである。もうひとつは、軍事目標のみへの自殺攻撃と、無差別または民間人や民用物を意図的に標的とした自殺攻撃の間にも大きな違いがあることである。テロを企図した自殺攻撃は必ずといっていいほど許容されない。しかし、強制ではない、自らの自発的な選択と決定に基づき、軍事目標のみを標的とした自殺攻撃は、ひょっとしたら許容されるかもしれない。

■ 自殺攻撃における「剥き出しの非対称性」

本章では、自殺攻撃の許容（不）可能性について論じてきた。自律的な戦闘員による、軍事目標のみを標的とした自発的な自殺攻撃はテ

ロ行為とみなされ違法とされるかもしれないが、少なくとも道徳的には許容される場合がある。しかし、その他の自殺攻撃は、法的にも道徳的にも許容されない。自殺攻撃の許容可能性は、攻撃を行う者の動機や意図や道徳的地位、また攻撃の方法や標的、そしてその攻撃がもたらすであろう予見される結果（例えば、付随的被害の有無や規模）に依るだろう。

　自己犠牲は美徳とされることがある。特に、自らの生命を呈することは、特に戦争においては英雄的行為として賛美されることがある。しかし、賛美が事実上の強制を生み出すような状況は、私たちの自由と権利が剥奪されていることを意味する。そのような状況を認める（どころか、創出し推進する）ような国家や政府があるとするならば、そこにあるのは、国家に保護される私たちではなく、国家によって犠牲を強いられる私たちである。ここに最も残酷な「剥き出しの非対称性」がある。

【注と文献】

* 1 本章は、拙稿 'Moral (im) permissibility of Terrorism and Suicide Attack', *Annals of the University of Bucharest: Philosophy Series*, 66 (2) (2017), pp. 165-179 を基に、加筆修正したものである。
* 2 自殺攻撃は、防御側の高度な治安態勢や攻撃する者の意志や能力の欠如によって阻止される場合もあるだろう。恐怖、生への執着、躊躇、抵抗、後悔、良心の呵責といった道徳的または心理的な理由によって攻撃を中止したり中断したりする者もいるかもしれない。また、自らが攻撃に使われていることを知らない者は交渉の機会を持つことができない。
* 3 間接的には、その交戦勢力の政治指導者や、組織的な自殺攻撃を計画、立案、指示、（黙認を含む）承認、指揮に関わった軍事指導者や指揮官が含まれる。しかし、ここでは「その戦争の正しさ」よりも「その戦争における個別の攻撃の正しさ」を議論の焦点としたいので、主に直接的に関わる者に焦点を当てて検討する。
* 4 「正戦論」、「戦争における正義」については、拙書『正しい戦争はあるのか？――戦争倫理学入門』第2章ならびに第3章を参照されたい。
* 5 しかし、「釣り合っている」という状況や状態の解釈は、個別の事例や文脈にある程度依存する。
* 6 Walzer, *op.cit*., pp. 136-137.

*7　この見出しにおいて「広義の」という言葉を括弧で括って用いた理由は、本文中で扱うタイプ1とタイプ2の行為者の特徴が、先に本文中で言及した4つの「典型的な自殺攻撃の特徴」とは一致しないからである。しかし、タイプ1とタイプ2の行為者を技術的に「広義の自殺攻撃の実行者」と呼び、それらの行為者による攻撃を「広義の自殺攻撃」とよぶに相応の理由がある。その理由は、「典型的な自殺攻撃」と「そうではない自殺攻撃」との相違を分析することで、自殺攻撃の（非）道徳性を洗い出すことができるからである。

*8　「人間の盾」とは、軍事目標が標的として攻撃されないよう民間人を利用することである。

*9　前者は組織的な戦闘の方法として採用される以前の自殺攻撃から、また後者は20世紀末から今日にいたるまで、世界各地で行われたテロ行為としての自殺攻撃からインスピレーションを受けた。第二次世界大戦の中期までは、日本による自殺攻撃は軍上層部によって事前に計画されたものではなく、個々の兵士の自発性により、非組織的であり、散発的であり、即席の攻撃方法であった。その一例として、被弾し損傷した航空機を敵の艦艇に突入させた自殺攻撃をあげることができる。当時は、航空機の損傷に関わらず敵艦艇への体当たり攻撃を行うような明白な命令はなかった。このような攻撃は、攻撃される側から見れば予測できない、ずるい奇襲かもしれないが、おそらく法的にも道徳的にも正当な攻撃としてみなしてもよいだろう。しかし、1944年以降に自殺攻撃が組織的な攻撃の方法として採用され、その後において軍事作戦の中心に据えられてからは、敵を無力化するための手段であるはずの自殺攻撃が、それ自体が目的となってしまったかのように思われる。組織的な攻撃方法として採用される前と後との自殺攻撃には決定的な違いがある。というのは、自殺攻撃への参加は志願制による選抜とはいえ、位階制の組織における社会的圧力が兵士に事実上の強制参加を促し、志願を拒否する、または志願しないという自由が十分に確保できていたかどうかについての疑念は拭えない。

第 6 章

人質と殺害の暴力[*1]

　2015年1月20日、「イスラム国」に拘束された日本人の人質とされる2人の人物の映像がインターネット上にアップロードされた。「イスラム国」は映像の中で、人質の解放の交換条件として日本政府に身代金を要求した。人質のうちの1人はフリーランスのジャーナリストであった。その後においても、2人の人質が確認された映像が何度かインターネットで配信された。ある映像では、そのジャーナリストが、もう1人の人質が殺害されたというニュースを報告した。また、もうひとつの映像では、ヨルダンで死刑宣告を受けた囚人の解放を要求する「イスラム国」の要求を伝えた。ジャーナリストが最後に確認されたのは同年2月1日にアップロードされた映像であり、そこには殺害されたジャーナリストが映されていた。

　これまで世界各地で起こった武力紛争において、何らかの理由において数多くの人々が身柄を拘束され、人質とされてきた。人質を捕らえた側と、人質の解放のための交換条件として身代金や他の対価を要求された側との間の交渉が成立し、人質が解放された事例もある。また、軍事作戦によって人質が救出された事例もある。しかしまた、交渉の不在や決裂、救出作戦の失敗、または人質を捕らえた側に交渉に応じる意図が単純にない場合、その結果として人質の生命が失われた事例もある。

　人質の生命が失われた事例のうち、最も凄惨なもののひとつとして、2002年にパキスタンで武装勢力に身柄を拘束された「ウォール・ストリート・ジャーナル」のジャーナリストの殺害をあげることができる。この事件では、ビデオカメラで録画されたジャーナリストの殺

害のようすがインターネットにアップロードされ、世界中に配信された。それ以来、他の武装勢力もまた、このような新しい情報通信技術を利用した残虐な手法を積極的に採用するようになった。そのうちのひとつとして、2014-16年にかけて数多くが公開された、「イスラム国」による人質の殺害の映像をあげることができる。

　殺害映像を制作したり配信したりすることは、悪趣味とは次元が異なる。それは、残虐で、野蛮で、恐るべき行為に他ならない。私たちは、そのような行いを非難し、また許容できないと考えるだろう。

　私たちは、ジャーナリストや他の民間人を人質に取ることを卑怯で道徳的非難に値する行為であると考えるかもしれない。また、人質の殺害を道徳的に悪いことであると考えるかもしれない。しかし、私たちは、人質の殺害をただ単に「道徳的に悪い」とか「道徳的に許容できない」とか言う以上に、もっと強い反応を示すかもしれない。いや、示してもよいだろう。というのは、この種の殺害は、人間の生命を奪うほかの種類の行為とは本質的な違いがあるからである。さらに、私たちは、直観、推論、またその両方において、人質を殺害する場面を公開し配信することはほぼ例外なく道徳的に正当化されえないと考えるだろう。

　このことは、本章の議論について次のような疑問を投げかけるかもしれない。「私たちは、そのような行為が道徳的に悪いということをすでに十分に知っている。それなのに、なぜそれについてさらに議論を行わなくてはならないのか」と。しかし、第1章で論じたように、「その悪がなぜ、どのような点で悪なのかを理解」して初めて、その悪を理解できることを意味する。それゆえ、本章では、人質を取ること、また人質を殺害することの道徳的悪の構造を解明することである。そのような行為が道徳的に悪いと考えられる理由が分かって初めて、私たちはそのような行為の悪をはっきりと自覚し、きちんと理解し、その理解の（さしあたっての）正しさに基づいた、筋の通った主張を行うことができるのだ。

　本章の目的は、人質を取ることをめぐる倫理問題について次の3

つの問いを探求することである。1つ目は、「なぜ私たちは人質を取ることを道徳的に悪いと考えるのか」である。2つ目は、「なぜ私たちは人質を殺害することを道徳的に悪いと考えるのか」である。3つ目は、「なぜ私たちは人質の殺害を公開することを道徳的に悪いと考えるのか」である。これらの問いを検討するために、以下のように議論を展開する。まず、武力紛争におけるジャーナリストや他の民間人の保護と、人質を取ることを禁止する法的枠組みについて概観する。次に、正当な理由なく罪のない人の身柄を拘束することの道徳的悪について検討する。さらに、人質を取ることの道徳的悪について検討する。最後に、人質を殺害すること、またそれを公開することの道徳的悪について検討する。

　なお、本章での分析対象は、武力紛争の犠牲者が直面する具体的な苦難や窮状についての分析から「剥き出しの非対称性」をあぶりだすために、武力紛争中またはそのような状態における人質事件に限定したい。また、議論を進めるにあたっては、たまたま居た場所で武力紛争が起こり、そのために人質に取られてしまった現地の人々ではなく、外国籍のジャーナリストといった、自らの意思で赴いた戦場で人質として身柄を拘束された人々を特に念頭に置こう。というのは、これから見ていくように、そのような人質は、人質を捕らえた側にとって、敵とみなす国家や国際社会に対して影響を行使するにあたって高い価値を有するからであり、また事実として国際的に高い関心を集めることになるからだ。さらに、それらの人々は、民間人というソフトターゲット（つまり、攻撃に対して脆弱な標的）として、武装勢力に攻撃されたり戦闘に巻き込まれたりして死傷する危険やリスクを負いながらも、戦争を報道するという重要な仕事を行っているからである。もしそれらの人々を人質に取ることが道徳的に悪いとする議論が成立するならば、そのことは他の民間人、例えば援助団体関係者を人質に取ることも同じように道徳的に悪いということを示唆するだろう。

武力紛争におけるジャーナリストの立場

まず、武力紛争におけるジャーナリストや他の民間人の保護と、人質を取ることを禁止する法的枠組みを概観する。

紛争地において特派員として報道に従事しているジャーナリストは、死傷したり、身柄を拘束されたり、人質に取られるという多大な危険や深刻なリスクを負っている。ジャーナリストは、情報を収集したり報道したりするという職業の性質上、弱い立場に置かれる。というのは、状況によっては、武装勢力にとって外部に知られたくない情報を収集したり発信したりしていると疑われるかもしれないし、最悪の場合には軍事や治安に関する諜報活動を秘密裏に行っているスパイであるという疑惑を投げかけられるかもしれないからだ。このように、ジャーナリストの仕事そのものが紛争当事者にとって不都合とみなされる場合に攻撃されることがある。

また、ジャーナリストは、紛争当事者にとっての政治的有用から人質にとられたり暴力を加えられたりする。例えば、「イスラム国」の事例のように、もし捕える側が自分達の政治的な主張を促進するための手段として高い価値を見出したり有益と考えたりする場合に、ジャーナリストは身柄を拘束され、人質に取られることがある。

ジャーナリストの保護

ジャーナリストは武力紛争において多大な危険や深刻なリスクに直面するので、その保護が武力紛争法によって定められている。まず、ジャーナリストは、従軍記者と軍隊と行動を共にしていないジャーナリストとの2つのカテゴリーに分類される。従軍記者は、1949年「捕虜の待遇に関する1949年8月12日のジュネーブ条約（ジュネーブ第三条約）」第四条A(4)にある「実際には軍隊の構成員でないが軍隊に随伴する者」として、その者が「その随伴する軍隊の認可を受けている場合に限」り、軍隊の構成員同様に捕虜としての地位が認められることが規定されている。

軍隊と行動を共にしていないジャーナリストについては、ジュネーブ諸条約第一追加議定書の第七十九条によって以下のように規定されている。

1　武力紛争の行われている地域において職業上の危険な任務に従事する報道関係者は、第五十条1に規定する文民として認められる。
2　報道関係者は、諸条約及びこの議定書に基づき文民として保護される。ただし、その保護は、文民としての地位に不利な影響を及ぼす活動を行わないことを条件とするものとし、また、軍隊の認可を受けている従軍記者が第三条約第四条Ａ(4)に規定する地位を与えられる権利を害するものではない。

このように、ジャーナリストは従軍記者か否かに関わらず、武力紛争においては武力紛争法によって保護されることが定められている。しかし、紛争地では、多くのジャーナリストが死傷し、人質にとられることを含む種々の暴力に晒されているのが現実である。

■ 人質をとることの禁止

人質をとることは、1979年の「人質をとる行為に関する国際条約 (International Convention Against the Taking of Hostages)」 によって犯罪行為とされている。同条約の第一条は次のように規定する。

第一条
1　人を逮捕し又は拘禁し及び当該逮捕され又は拘禁された者（以下「人質」という。）の殺害、傷害又は拘禁の継続をもつて脅迫をする行為であつて、人質の解放のための明示的又は黙示的な条件として何らかの行為を行うこと又は行わないことを第三者（国、政府間国際機関、自然人若しくは法人又は人の集団）に対して強要する目的で行うものは、この条約に

いう人質をとる行為とし、犯罪とする。

2　次の行為も、この条約において犯罪とする。
　(a) 人質をとる行為の未遂
　(b) 人質をとる行為（未遂を含む。）に加担する行為

　この条約は、武力紛争法が適用されないような状況、例えばテロ行為またはその一環として人質をとるような状況をひとつの念頭においている。

　武力紛争において人質をとる行為もまた武力紛争法で禁止され、国際刑法によって処罰の対象とされている。まず、国家間や国際的な武力紛争において適用されるジュネーブ諸条約第一追加議定書の第七十五条2 (c) によって禁止されている。次に、国内や非国家主体との間の武力紛争に適用されるジュネーブ諸条約第二追加議定書第四条2(c) でも同じく規定されている。さらに、赤十字国際委員会の慣習的国際人道法データベースでは、その第96条に人質の禁止規定があり、「この規則［人質をとる行為の禁止］は、国家慣行によって、国際並びに非国際的な武力紛争の双方に適用される慣習国際法の規範として確立されている」とされている[*2]。加えて、国際刑事裁判所のローマ規定第八条2(a)(viii) ならびに (c)(iii) は、人質をとる行為は戦争犯罪を構成すると規定している。

　このように、人質をとることは悪いということが法的にいえる。それでは道徳的にも悪いといえるのだろうか。もしいえるとすれば、なぜ、どのような点で悪いのだろうか。次節で見てみよう。

■ 身柄拘束をめぐる倫理

　人質を取ることは、ある人が捕らえられたり、拉致されたり、誘拐されたり、略取されたりすることによって身柄を拘束されることから始まる。一般的に、人質は何らかの結末（解放、救出、または殺害など）にいたるまで、捕えた者によって身柄を拘束される。つまり、

人質を取るということは、その人の身柄をある一定の期間、継続的に拘束することを意味する。人質を取ることの倫理を考える前に、そのための予備的考察として、身柄を拘束することの倫理について検討しよう。

　身柄拘束を巡る倫理的問題のひとつは、多くの場合において身柄を拘束される者が拘束されることに同意していないような状況で起こることである*3。本人の同意のないところでの強制的な身柄の拘束は、一時的にではあれ、その者の自由を侵害することになる。リサ・ライヴィーラ（Lisa Rivera）は「拘束した者に利し、ほとんどすべての事例において拘束された者を害する」*4 と論じている。このことは、一般的に身柄拘束が道徳的に悪であるとされる理由として考えられる。

　しかし、拘束が例外的にあるではなくなるかもしれない場合もあるだろう。それは、拘束される者が拘束に値する場合である。もし他者に対して不当な暴力を行使したり、他者の権利を不当に侵害したりした場合などは、その害悪を阻止する目的で、その者の身柄を拘束することは許容されたり、拘束することは時として道徳的義務になったりすることさえあるかもしれない。

　例えば、人ごみで包丁を振り回す者がいたと仮定しよう。私たちは、その者が他者への危害を及ぼすことを阻止するという目的において、その者の身柄を拘束することは許容できると考えられるだろう。また、罪のない人々に対する潜在的または実際の脅威となっている者の身柄を拘束することは、もしそれを行うだけの能力を有するならば、道徳的義務として考えられるかもしれない。

　もうひとつの仮想事例から考えてみよう。何らかの事情で心身耗弱の患者が、病棟の廊下で包丁を振り回していたと仮定しよう。私たちは、その者が他者だけではなく自身に危害を及ぼすことを阻止するという目的において、その者の身柄を拘束することは許容できると考えられるだろう。罪のない人々に対する潜在的または実際の脅威を除去し、また責任能力が欠如する本人を保護するためにその者の身柄を拘束することは、もしそれを行うだけの能力を有する者がいたとした

ら、その者の道徳的義務として考えられるかもしれない。

このように、他者に不当な危害を加えたり、他者の権利を不当に侵害したりする者は、その行いによって、他者に拘束されないという自らの自由を喪失すると考えられる。

しかし、他者に対して不当な暴力を行使したり、他者の権利を不当に侵害したりしていない者の身柄は拘束するに値しない。つまり、その者の身柄の拘束することは許容されないし、拘束しないことは時として道徳的義務になることさえあるかもしれない。

この議論が示唆することは、身柄拘束の道徳的許容性に関する判断は、拘束の目的と理由に依拠するということである。上記の事例では、不当な暴力が行使される潜在的または実際の脅威があることが理由であり、そのような脅威から罪のない人々(後者の場合では、拘束される者の道徳的に罪がない、責任能力を有しないと考えられるが、その者を含むその場の人々に危害を及ぼす脅威である)を保護することが目的である。言い換えれば、もし、その者の身柄を拘束することによって不当な暴力の行使が阻止できるのならば、その者の身柄を拘束することが道徳的に許容される状況が生じうるということである。

しかし、もし身柄拘束という暴力が、他の暴力を生み出すための手段として用いられるとしたらどうだろうか。このような場合の身柄拘束の目的は、他の暴力を行使するための機会を得ることである。つまり、一例としては、脅迫や強制を行うことにより、身柄を拘束された人やその他の人々に対して恐怖を感じさせる目的での身柄拘束である。このような目的で誰かの身柄を拘束することは道徳的に許容されるのだろうか。この問いから、「誰かを人質として身柄を拘束することは道徳的に許容されるのか、それとも許容されないのか」、また「許容される、または許容されないとすれば、それはなぜか」という、次に検討すべき、人質を取ることの道徳的悪に関する問いが導き出される。

■ 人質を取ることの道徳的悪

　前節では、人質を取ることの道徳的悪を検討するための基盤となる、身柄拘束の道徳的悪について検討した。ここでは、これまでの議論を考慮に入れつつ、人質として身柄を拘束すること、つまり人質を取ることの悪について議論を進める。

　人質を取ることと、その他の身柄拘束との根本的な違いの一つとして、人質は、往々にして権利や福祉を考慮されることなく、人質を取った者の政治的または経済的な目的を達成するための手段として搾取されることがあげられる。しかし、その他の身柄拘束は、人々の安全や福祉を確保するために行われる、被疑者の留置、被告の拘置、確定囚の投獄や禁固といった法的措置や処罰、また本人や他の人々を保護するための隔離や措置入院といった形での、必ずしも搾取のみを目的としない。さしあたっての見込みであるが、「手段としての搾取」が、人質を取ることの道徳的悪を特徴づけるように思われる。

　まず、「人質」と「人質を取ること」という言葉の定義についての検討から始めよう。先に述べた通り、1979年の「人質をとる行為に関する国際条約」第一条の1では、次のように述べられている。

> 　人を逮捕し又は拘禁し及び当該逮捕され又は拘禁された者（以下「人質」という。）の殺害、傷害又は拘禁の継続をもつて脅迫をする行為であつて、人質の解放のための明示的又は黙示的な条件として何らかの行為を行うこと又は行わないことを第三者（国、政府間国際機関、自然人若しくは法人又は人の集団）に対して強要する目的で行うものは、この条約にいう人質をとる行為とし、犯罪とする[*5]。

　上記を参考にした上で、あえて言い換えるならば、「人質」とは「第三者に何かを強要するための目的で身柄を拘束された者」であり、「人質を取ること」とは「人質の解放または人質に危害を加えるにあ

たっての何らかの条件を提示することで、第三者に何らかの行為を強要することを意図した行為」である。

　それでは、先に述べたように、人質を取ることはなぜ悪いと考えられるのだろうか。ひとつの理由は、その行為が非人道的であるということである。もし私たちが人質を取ることを非人道的であり、また道徳的に悪いと考えるのであれば、その理由は、人質を取ることには人質に対する同意のない暴力が伴うからであり、また危害を加えられるリスクや脅しが人質に対して課されるからである。私たちは、捉えた者によって人質に対して暴力が加えられる可能性があることについて懸念するかもしれない。さらに、人質を取ることは、第一義的には人質自身に危害を加えることを目的とすることがあり、また人質に対する更なる暴力の行使につながることがあるからともいえそうである。

　また、人質を取ることが非人道的であると考えるもうひとつの理由は、人質が、捕らえた者が第三者に何らかの行為を強要するための単なる手段としてのみ扱われているという点にあると考えられるかもしれない。また、人質を取る者が描く何らかの計画に強制的に人質を参加させ、都合の良いように利用することは、人質の自律や尊厳に対する侮辱的な攻撃という点にある。イレーヌ・ハーマン（Irène Harrmann）とダニエル・パルミエリ（Daniel Palmieri）は、アメリカによるイラク占領期に身柄を拘束された西洋人の人質が殺害されたことはテロ行為だと論じている。

　　例えば、イラクにおいて人質に残忍な扱いが課されたことは、人質は捕らえた者にとって内在的価値が何らなかったことを如実に表している……。そこには、身の毛のよだつような人質殺害の演出や撮影によって論拠付けられるように、標的とする他の人々を恐怖に陥れる以外の意図はない。この文脈において、テロは攻撃であり、人質はそのテロを行うための不幸な道具以上のものではない[*6]。

上記に引用した論文は2005年に発表されたものだが、「イスラム国」によって制作・配信された人質殺害の映像の目的と効果を理解するにあたって多くの示唆に富む。それは、人質をとる者が、自らが求める何らかの目的を実現するための単なる手段としてのみ人質を扱っていること、そして映像を視聴する人々や、またそのような映像の存在を知る人々に恐怖を覚えさせること、そしてその悪である。

　加えて、人質を取ることの道徳的悪は、拷問を行うことの道徳的悪との比較・類推によってあぶりだすことができるだろう。まず、拷問が行われる前提として、拷問を行う者が拷問を受ける者の身柄を拘束しているという前提がある。

　人質を取ることと拷問とが共有する特徴として、「極端に非対称な関係性」を見て取ることができる。人質を取ることによって、人質と人質の身柄を拘束する者との間には、限りなく自由を失う立場にある者と、その者を意のままにすることができる立場にある者という極端に非対称な関係が構築される。デーヴィッド・サスマン（David Sussman）は、拷問を行う者と拷問を受ける者と間に「依存と脆弱性において深刻なほどに非対称な関係」があると論じている[7]。

　サスマンによると、拷問が一般的な身体拘束を含む他の形態の暴力に比べて道徳的に悪いのは、拷問は、拷問を受ける者に、拷問を行う者に対して十分に抵抗できなかったことという屈服感や無力感から生じる罪悪感や後ろめたさを覚えさせ、拷問を受ける者をそれを行う者の共犯者に仕立て上げる点にあるという。

　　拷問は、拷問を受ける者の行為者性に対する侮辱や攻撃をもたらすのみだけではない。拷問を受ける者は、拷問を行う者の前において自身が無力であり、また拷問を行う者のなすがままでありながらも、自身に降りかかった残虐な行為について共犯であるという経験を強制される。このことにより、拷問を受ける者の行為者性が本人自身に向けられる[8]。

さらにサスマンは、拷問が他のひどい暴力と比べて決定的に異なり、また質的により悪いとされる理由を次のようにまとめる。つまり、拷問は、拷問を受ける者自身の参加を不当に利用するという悪事が伴う「辱め」であり、また、「拷問は、拷問される側の自律性に対する攻撃や違反のみならず、個人が他者や自身に対して持つ基本的な道徳的関係を体系的に嘲うようなものである点において、自律性に対する背徳的な逸脱行為である」[*9]と論じている。

上記で指摘した拷問の道徳的悪の特徴は、人質を取ることの一部の事例にも共有される。具体的には、「イスラム国」による人質の扱いをあげることができる。それは、人質が「イスラム国」が撮影した映像の中で「イスラム国」のメッセージを伝えさせられる状況である。この状況は、以下の点でサスマンの議論に合致している。それは、人質が「イスラム国」の宣伝に強制的に参加させられ、都合の良いように利用されるという点である。これは、人質の自律や尊厳に対する侮辱的な攻撃以外の何物でもないのだ。

■ 人質を殺害することの悪、人質の殺害を公開することの悪

もし人質を取ることに特有の、何らかの道徳的悪があるとするならば、それは人質に対して連続的に暴力が加えられる点である。人質を取る者は、人質に対してさまざまな形態での肉体的・精神的暴力を何度も繰り返し行使したり、絶え間なく課したりすることがある。そして、その暴力は人質の殺害という形で道徳的悪の絶頂を迎える。しかし、それだけではない。暴力は、人質の死後においても続くことがある。

「イスラム国」に人質として身柄を拘束された日本人ジャーナリストに関する一連の映像を例として考えてみよう。2015年1月27日に公開された映像では、ジャーナリストの静止画像が映され、本人のものとされる音声が流された。その音声の内容は、自らの解放の交換条件として、隣国のヨルダンで身柄を拘束されている者の解放を要求する「イスラム国」のメッセージであった。この状況は「イスラム国」によって作り上げられたものであり、そこに人質は自身の意思に

関係なく協力させられたのだ。同年2月1日には、ジャーナリストに関する最後の映像が公開された。その映像には、殺害が行われている場面こそなかったものの、おそらく殺害される直前のような場面と殺害された後の死体が映された画像が含まれていた。

　これは何を意味するのだろうか。この映像は、2つの対象に対する暴力として制作されたものである。ひとつは、人質である。人質は、テロリズムという「イスラム国」のプロジェクトに強制的に参加させられ、事実上の役者としての役割を演じさせられ、そして自らの生命までも奪われた犠牲者である。人質は、「イスラム国」の暴力に対して無力であり、なすすべもなく、誰にも助けてもらえない存在である。

　さらに、「イスラム国」は人質を殺害した後にも、もうひとつの対象にもその凶暴性を発揮したのだ。そのもうひとつの対称というのは、映像を視聴した、または映像の内容や存在を知った人々である。映像は、「イスラム国」が人質に対して行ったことを広く世界に知らしめ、人々を恐怖に陥れるよう仕向けられたものなのだ。

　私たちは人質の殺害に道徳的嫌悪を覚えるかもしれない。その理由のひとつは、私たちは、罪のない人をその人の意思に反して殺害することを道徳的に悪いと考えるからだろう。また、そのように考える理由は、そのような殺害がその人の自由を不当に奪うことを意味するからであろう。

　私たちが人質の殺害を道徳的悪と考えるもうひとつの理由は、自身の死のプロセスや死後のことが、本人の意思に関わらず他者によって勝手に決定されてしまうことにあるだろう。ある人が、いつ、どこで、どのように死を迎えるかを自らが決定し、実行することは難しいかもしれない。では、もしその人が死を迎えることを自ら決定し、ある特定の日時と場所で、ある特定の方法で死を迎えることができたとしよう。もし自らが選択した自発的な死が他者に深刻な危害を加えないのであれば、その死は道徳的非難に晒されるとは限らない。しかし、人質の殺害の場合はまったく異なる。人質と人質を取る者との関係には「剥き出しの非対称性」を見ることができる。いつ、どこで、

どのように人質を殺害するかは人質を取る者の手に委ねられており、ほぼ絶対の決定権を有している。逆に、人質は人質を取る者の前にまったくもって無力である。つまり、人質の殺害は、人質の自律、尊厳、自己決定に対する究極の侮辱である。ここに人質を殺害することの道徳的悪がある。

　加えて、人質殺害に由来する特有の道徳的悪は、人質を取る者が人質の死さえも搾取し、人質の死後においてもその死を利用することにある。もし人質が逃げ出すことができなかったり、身代金が要求どおりに支払われなかったり、その他の条件が満たされなかったり、救出作戦が行われなかったり失敗したりした場合には、人質は殺害されるまで、さらに自らの死をもって、また死後においても、人質を取った者の政治的な計画の「共犯者」として強制的に参加させられてしまう。映像のクライマックスは人質の殺害現場であり、その映像はインターネット経由で公開・配信され、誰でもダウンロードして視聴でき、潜在的には永遠にサイバー空間を漂流し続けることになる。殺害された人質の死すら搾取し、人質の死後においてもテロリズムのために利用することもまた、死者に対する最大の侮辱行為に他ならない。

　「イスラム国」による人質殺害の事例で特徴的なのは、ある意味で芸術の域にまで達するような、人質に関する映像の制作をあげることができる。日本人ジャーナリスト殺害の映像は、人質の咽喉を切り裂くシーンを映すのではなく、殺害前と殺害後のシーンを映したものであった。「ジハーディ・ジョン」と呼ばれた者が人質の首にナイフを突きつけると、映像は暗転。数秒後に始まる次のシーンでは、カメラが水平に移動しながら、視聴者を落胆させ不吉にさせるような人質の死体の映像となる。背中の上に切り裂かれた頭部が乗せられた人質の死体が映された。

　もし私たちがこのような映像——つまり、テロの方法——に道徳的嫌悪を抱くとすれば、それは悪趣味を超えた、悪意に満ちた攻撃であると考えるからだろう。人質本人の意思に反する殺害を行い、その死を自分たちの政治的主張のために利用することは、一般的な意味での

殺人以上のものである。というのは、そのような行為は、人質の魂と肉体を生前から死後にいたるまで搾取することだからである。

　私たちは自らの死についてのプライバシー、つまり関心を持たれなかったり、放っておかれたり、相手にされなかったり、忘れられたりする権利を有している。殺害された人質もまた、そのような権利を有していただろう。しかし、いったん映像がウェブページにアップロードされ公開・配信されると、世界中の顔も見えない、名前を知らない何百万、何千万人の人々によって（映像にアクセスする意志と能力を兼ね備えていれば）誰でも自由に視聴されてしまう状態になる。それゆえ、人質殺害の映像を公開することは、殺害された人質の持っていた、自らの死についてのプライバシーの侵害を意味する[*10]。もし私たちがそのような映像を公開・配信することは正当化できないと考えるならば、その理由は、自らや自らの近しい人々の死を個人的な出来事として扱い、またそのように尊重すべきであると考えているからかもしれない。もし死にゆく者が自らの死を知らない人々にかまって欲しくないと思っているのであれば、私たちはそうすることを尊重してもよいし、そのための手助けをしてもよいかもしれない。

　人質殺害の映像の公開・配信は、不特定多数の第三者が視聴できるという点において、ひとつの公開処刑の形として考えることができるだろう。私たちは公開処刑をよいものとはしないだろうし、現代において公開処刑はごくわずかの国や地域でしか行われていない。その理由は、正当な裁判なしでの処刑は言うまでもなく、法的に制裁される刑罰としての死刑であったとしても、人間の生命を絶つという暴力を一般公開することに道徳的なためらいがあるからかもしれない。

　事実として、現代の文明化された世界においては、死は公的領域から排除されてきた。そのひとつの具体例として、法的制裁としての死刑の執行をあげることができる。具体例をあげるまでもなく、過去において公開処刑を行う国家は数多くあった。しかし、現代においては刑罰としての死刑制度を廃止したり死刑執行を停止したりしている国家が世界の多数を占める中、いまだに死刑を執行している国家のうち

でも一般公開を行っている国家は数える程である[*11]。

確かに、死刑を一般公開すると、それを残虐とみなす人々から死刑制度への反対を招くおそれがあるので、国家は死刑を一般公開しないという考えもできるかもしれない。しかし、同時に、死刑の執行を一般公開しないことは、受刑者のプライバシーを擁護し、尊厳を認めることとして理解することもできよう。少なくとも、現代の社会に生きる私たちは、人間の生命を奪うことを見世物としての娯楽とするようなことを道徳的に不適当だと考えるだろう。

しかし、人質殺害の映像は、公開・配信を前提として制作された、世界中にいる不特定多数の人々に対する恐怖の無差別な伝達というテロ行為である。私たちは、人質が殺害される映像の存在を知ったら嘆かわしいと感じるかもしれない。もし私たちが偶然にでもそのような映像を視聴してしまったらどうだろうか。おそらく私たちはその映像に対して、またそれを制作・配信した者に対して道徳的嫌悪を覚えるだろう。

つまり、人質の殺害映像は、その人質のプライバシーだけではなく世界中の不特定多数の人々の「知らないでいる権利」を侵害するテロのための手段であり、それを制作・配信した者はテロリストに他ならない。

■ 人質という非対称性

本章では、人質を取ることをめぐる3つの道徳的問いについて検討した。1つ目は、「なぜ私たちは人質を取ることを道徳的に悪いと考えるのか」である。その理由は、人質を取る行為自体がすなわち非人道的だからである。人質を取ること、また人質の身柄を拘束している期間においては、人質に対して本人の同意の伴わない暴力が行使されるからである。人質は、人質を取る者が第三者に何らかの行為を強要するための単なる手段としてのみ扱われる。人質は、人質を取る者が描く何らかの計画に強制的に参加させられ、都合の良いように利用されることは、人質の自律や尊厳に対する侮辱的な攻撃である。

2つ目の問いは、「なぜ私たちは人質を殺害することを道徳的に悪いと考えるのか」である。その理由は、本人の同意のないでの自由の剥奪であり、人質の自律、尊厳、自己決定に対する究極の侮辱と考えられるからである。

　3つ目の問いは、「なぜ私たちは人質の殺害を公開することを道徳的に悪いと考えるのか」である。その理由は、それが人質の死の搾取であり、人質のプライバシーに対する攻撃であり、またその殺害映像の存在を知った、または視聴した人々に対するテロ攻撃だからである。

　人質と人質を取る者、殺害される人質と殺害する者、自己の殺害を利用される人質とそれを利用する者、人質の殺害を知らされる者とそれを知らせる者、それらの関係には「剥き出しの非対称性」を見ることができるだろう。

【注と文献】

* 1　本章は、拙稿 'Ethics of Hostage Taking', *Ethics in Biology, Engineering & Medicine - An International Journal*, 6 (1-2) (2015), pp. 113-123 を基に、加筆修正したものである。
* 2　https://ihl-databases.icrc.org/customary-ihl/eng/docs/v1_rul_rule96, accessed June 20, 2018.
* 3　当然ながら例外もある。そのひとつとして、よど号ハイジャック事件をあげることができる。1970年に共産主義者同盟赤軍派によってハイジャックされた日本航空便がソウル金浦空港に着陸し、日本政府とハイジャック犯との間で交渉が行われた際、人質とされていた乗客と一部の乗員の身代わりとして、当時の運輸政務次官であった山村新治郎が人質となった。
* 4　Lisa Rivera, 'Coercion and Captivity', in Lori Gruen (ed.), *The Ethics of Captivity* (Oxford University Press, 2014), pp. 248-269, at p. 249.
* 5　https://treaties.un.org/doc/Treaties/1979/12/19791218%2003-20%20PM/Ch_XVIII_5p.pdf Accessed on May 14, 2018.
* 6　Irène Herrmann and Daniel Palmieri, 'A haunting figure: the hostage through the ages'. *International Revue of the Red Cross*, 87(857), (2005), pp. 135-145 at p.145.
* 7　David Sussman, 'What's Wrong with Torture?', *Philosophy and Public Affairs*, 33(1), (2005), pp.1-33 at p. 6.

* 8 *Ibid.*, pp. 1-33 at p. 30.
* 9 *Ibid.*
* 10 加えて、インターネットを経由した映像の公開・配信は、視聴したいとは思っていないのだが偶然に視聴してしまった人々が有する「知らないでいる権利」をも侵害することになるという議論も成り立つかもしれない。
* 11 限られた情報によるが、サウジアラビアは現在も公開処刑を行っているとされる。また、2017年にイエメンで公開処刑が行われたことが報道されている。Chloe Farand, 'Yemeni man publicly executed for raping and murdering four-year-old girl as crowd film on smartphones', *Independent* (August 14, 2017). https://www.independent.co.uk/news/world/middle-east/yemen-public-execution-rape-murder-four-year-old-girl-crowd-film-spmartphones-videos-sanaa-tahrir-a7892836.html, accessed on July 29, 2018.

第7章

ドローンと「倫理的」な攻撃

　ここ数年、私たちにとってドローン（無人航空機）は身近な存在になってきた。私たちは、カメラを搭載したドローンが撮影した画像や映像を見たことがあるだろう。デパートのおもちゃ売り場には何種類もドローンが置いてあるのを見かけたことがある人もいるだろう。また、さまざまな種類のドローンが、ネットの通信販売でも簡単に、しかも手ごろな価格で購入することができる。

　すでにドローンは商業的に広く使われている。例えば、空から地上を俯瞰するテレビ映像を製作するには、もはや必ずしも高額な運用費を伴う航空機やヘリコプターを使用する必要ない。また、宅配サービス、農作物の生育調査を目的としたリモートセンシング（遠隔測定）、測量、建造物の点検や安全管理、気象観測、海洋調査、事故や災害現場での情報収集といったような多様な用途で使用することができる。今後、さまざまな業務や商用においてドローン需要の増大、またそれによるドローン市場や産業の拡大が見込まれている。

　私たちにとってドローンは便利な道具となりえ、私たちの生活をより安全で快適にするように思われる。しかし、それとは逆に、人々の安全、治安や安全保障に悪影響を及ぼす可能性もある。2015年4月、内閣総理大臣官邸に小型無人機が進入する事案が発生した。幸いにも小型無人機は非武装であったが、もし爆発物が搭載されていたらどうなっていただろうか。もし爆発した場合には（または今回のように物理的な被害がなかった場合でも）、国家安全保障上の深刻な脅威を生じさせたかもしれない。

　一口にドローンといってもさまざまな種類があり、さまざまな用途

に用いられている。先にあげたような撮影や観測のためだけではなく、当然ながらそれ自体を武器として使うこともできる。また、兵器を搭載し、標的に対して攻撃を行うこともできる。おそらく私たちがドローンについて最も懸念することのひとつは、ドローンが武力を行使するための手段として用いられることだろう。

　上記を念頭に置いた上で、本章では、軍事作戦や戦闘に用いられる「武装無人航空機（armed unmanned aerial vehicles）」「戦闘ドローン（combat drones）」、または攻撃型の「遠隔操縦航空機（Remotely Piloted Aircraft；RPA」が生じさせる、または生じさせるであろう問題群に焦点を当て、「剥き出しの非対称性」を考えていこう。

■ 軍事・安全保障のためのドローンの利用

　ドローンは今日の軍隊において重要な役割を果たしている。ドローンは、情報収集、監視、偵察においてだけではなく、戦闘にも用いられている。種々のドローンの中でも、米軍や英軍を初めとした複数の国家の軍隊が運用する「プレデター（Predator；MQ-1)」や「リーパー（Reaper；MQ-9)」は、レーザー誘導ミサイル「ヘルファイア」を搭載することができ、地上の標的に対して精密攻撃を行うことができる。それらの戦闘ドローンがまずは議論の焦点となる。

　ドローンを戦闘に用いるのは、アメリカやイギリスといった欧米の軍事大国だけに限ったことではない。言い換えれば、大手軍事産業によって生産された、予算的に国家しか購入できないような高価なドローンを戦闘に使用するのは限られた国家だけである。しかし、非国家主体もまた、容易に入手可能な市販されているドローンを戦闘に使用することもある。例えば、2017年2月のイラクの都市モスルでの、イラク政府軍と「イスラム国」との間の市街戦では、「イスラム国」側が4つの回転翼を持つ市販の小型ドローン（クワッドコプター）に手榴弾を積んでイラク政府軍側への航空攻撃を行っていたことが報じられている[*1]。

　多くの国家は、ドローンが国家安全保障や治安上の脅威になること

を認識している。そして、反ドローン防衛システムを有している。さらに、例えば、「ドローン・ディフェンス・グループ（Drone Defense Group）」のように、軍隊、治安機関、情報機関に対して、ドローンが及ぼす危険に対処し、解決を提案する企業も存在する[*2]。

■ ドローンの操縦室

　私たちは軍隊による戦闘ドローンの運用について豊富な知識を持っているとは限らないし、ひょっとしたら具体的なイメージを持っているとも限らない。そこで、まずは軍隊によるドローン運用に関する大まかなイメージを掴むために、アメリカ・ネバダ州の空軍基地を取材したBBCのウェブページに記載された記事を以下に引用する。

　　不毛で厳しい環境にあるネバダ砂漠の低木の間に延びる国道95号線を向かう。そして、クリーチ空軍基地に着く……ベージュ色の金属製の輸送コンテナのようなものの側面にある、何の標示も書かれていないドアをくぐる。中は狭い。一番奥に、ドローンを操縦しミサイルを発射するパイロットが左側に座っている。

　　センサーの操作を担当する者は右側に座っており、［ドローンに搭載された］カメラを操作し、ミサイルが命中するよう標的に対してレーザーを固定する。2人は、画面とスイッチとボタンが設置された壁に集中している。これが現代における操縦席の一形態である[*3]。

　パイロットが操縦するドローンは、ネバダ州から数千〜一万数千キロ離れた地域を飛行している。一般的に、基地の外に居住するパイロットやセンサー操作担当は、勤務シフトに従って基地に車で通勤するという。基地は「戦場」であり、しかし地理的には「戦場」ではない。この「戦場」は、私たちが一般的にイメージする「戦場」とはまったく異なったものかもしれない。

『アイ・イン・ザ・スカイ　世界一安全な戦場』から

　ドローンによる攻撃がどのようなものか、またどのように行われるかについてのイメージを得、ドローンをめぐる問題を考えるにあたっては、映画が格好の情報源のひとつとなるかもしれない。

　『アイ・イン・ザ・スカイ　世界一安全な戦場』(2015年、原題：Eye in the Sky) は、ドローンによる英米軍の合同作戦をテーマとした映画である。この映画は、英米軍による合同軍事作戦において、ケニアにいるテロリストをドローンによって攻撃することを巡る政治的判断と軍事的判断の衝突と、その一応の解決としての攻撃の実行にいたるまでの過程、そしてその結末を描いている。

　この映画の舞台は、ケニア、アメリカ、イギリスにまたがる。具体的には、ケニアの首都であるナイロビ郊外、アメリカ・ネバダ州ラスベガス郊外にあるクリーチ空軍基地、そしてイギリス・ロンドンのノースウッドにある英軍の常設統合指令部、同じくロンドンのホワイトホールにある内閣府ブリーフィングルーム（Cabinet Office Briefing Rooms；COBR）の4個所である。

　ナイロビ郊外には、イスラム系過激派武装組織「アル・シャハブ」の幹部が潜伏している。「アル・シャハブ」の幹部で、イギリスの最重要手配リストで第4番目に位置付けられるアブドゥラ・アル・ハディと、その妻で同リスト第5番目のイギリス国籍を有するアイシャ・アル・ハディ（改宗前の名前はスーザン・ヘレン・ダンフォード）が、他のメンバーと隠れ家で会合を開いている。そこにケニア軍特殊部隊が突入し、ダンフォードの身柄を拘束する作戦が進行していた。その作戦を指揮するための「目」となるのが、現場上空を飛行するMQ-9「リーパー」であった。

　クリーチ空軍基地では、ナイロビ郊外上空を飛行する「リーパー」を操縦するパイロットのワッツ中尉と、「リーパー」に搭載されたセンサーの操作を行うガーション上等航空兵が「現場」を担当している。常設統合司令部ではパウエル大佐が作戦の指揮を執り、攻撃に関

する政治的判断・決定を行うCOBRには法務長官、閣外大臣、政務次官、そして政治的判断・決定と軍事的判断との間での連絡・調整役を担うベンソン中将が会議を開いている。

ナイロビ郊外の現地で活動するエージェントが、昆虫の姿をした小型のドローンを操作している。それを「テロリスト」が会合を開いている隠れ家の中に情報収集と監視のために進入させる。すると、そのドローンにカメラに写ったのは、ケニアに来たばかりのイギリス国籍とアメリカ国籍の2人が自爆攻撃の準備を行っている姿であった。

自殺攻撃が間近に迫っている危機的な状況の発生によって、パウエルは作戦の目的を標的の身柄拘束から殺害に変更することを決意する。パウエルは法務将校の進言を受け、COBRに詰める上層部の判断を仰ぐことにする。

法務長官は攻撃の合法性を認め、また閣外大臣も攻撃を行う政治判断に傾くのであるが、閣外大臣はベンソンに攻撃の許可を求められると、外務大臣の判断を仰ぐよう指示する。外遊中の外務大臣は、アメリカ国籍を有する者を攻撃することを理由に、アメリカ国務長官の承認なしには攻撃を承認できないという。

一方、クリーチ空軍基地では、「リーパー」に搭載されている「ヘルファイア・ミサイル」によって隠れ家を攻撃するための準備が着々と進められ、後は許可を待つだけの最終段階に入っていた。

アメリカ国務長官による攻撃の承認を受け、閣外大臣はベンソンに攻撃の許可を与える。ベンソンはパウエルに、そしてパウエルは「リーパー」のパイロットに攻撃が許可されたことを伝える。しかし、状況が一変する。1人の少女が、隠れ家の前でパンを売り始めたのだ。

この新たな状況を受け、パイロットはパウエルに、攻撃によって生じることが予測される付随的被害推定［つまり、少女の致死率］について新たに計算が行われない限り攻撃を行わないことを告げる。

パウエルは再び法務将校の助言を受け、新たな状況における攻撃の合法性について法務長官の判断を仰ぐ[*4]。

パウエル:「我々の法務将校は、少女の存在は必ずしも作戦全体の合法性に影響を及ぼすものではないと申しておりますが、あなたの確認を必要としております。」

法務長官:「少女の身に起こるかもしれないことに関する予測はあるのか?」

パウエル:「攻撃を行った場合には、標的周辺において致命的な傷害を受ける可能性は65％〜75％と見積もられます。しかし、もし都市部で［自殺攻撃を行う２人の］ベストが起爆されれば、30人から80人の男女や子どもたちの生命が失われることが予想されます。これは、起爆した場合の予測です。しかし、自殺攻撃は人ごみの多い場所を標的にすることを意図していると考えるべきです。」

この状況について、閣外大臣は外務大臣に次のように説明する。「法的議論は［攻撃を行うことを］待つことはできても待つ必要はない、軍事的議論は待つべきではない。」

しかし、政治的議論が介在するCOBRでの会議では、攻撃を許可する合意には至らない。そこで、パウエルはベンソンに対して、「もし少女に対して付随的被害が及ぶ確率が50％を下回るような算定結果であれば、私たちはCOBRでの許可を得られると思いますか」と問う。ベンソンは「そう思う」と回答する。

その後、外務大臣は同じく外遊中のイギリス首相の判断を仰ぐことになるのだが、外務大臣がCOBRに伝えた首相の言葉は、死傷者を最小限にできることをするようにというものだった。

パウエルは、少女が致命的な傷害を受ける確率が50％を下回る予測結果を算定するよう部下に指示し、45％という数値を得る。パウエルはその数値をCOBRに報告し、閣外大臣は攻撃を許可する。

このストーリーは映画という虚構から取り出したものであるが、軍

隊におけるドローンによる攻撃のひとつの形態をイメージできるものではないだろうか。

この映画が象徴するのは、ほぼ絶対に安全な場所から攻撃を認可し、許可し、命令し、そして実行する者を一方とし、その攻撃によって死傷する現場の民間人を他方とする「剥き出しの非対称性」の関係である。

■ ドローンによる戦闘は倫理的か？

私たちは、「ドローンによる戦闘は倫理的か」、または「ドローンの使用は戦闘を倫理的にするだろうか」という問いに興味を持つだろう。条件付ながら、著者はこの答えに肯定的である。「ドローンによる戦闘が倫理的かどうか」は、「ドローンの使用によってより倫理的に攻撃を行うことができること」を前提とし、もしその前提が正しいのであるならば、問題の核心は「どのようにドローンを運用するのが倫理的であるのか」にある。すると、「ドローンを倫理的に運用するのであれば」という条件において、「ドローンの使用は戦闘を倫理的にする」といえそうである。

ドローンは「ヘルファイア・ミサイル」のようなレーザー誘導弾を搭載することが可能であり、それを用いて標的に対して精密爆撃を行うことが可能である。しかし、その標的が標的としての適合性を有するか、また標的を誤認していないかについては、現在のドローンが自身で処理する能力を有していない。標的についての情報収集、収集した情報の分析、標的識別、監視、偵察、標的選定は、人間によって、または人間が機械を使うことによって行われる。もし標的選定までの過程のどこかで人間または機械またはその両方において何らかの間違いがあれば、「間違った場所に対して精密に攻撃を行う」ことになってしまうかもしれない。この点では、ドローンによる攻撃と有人航空機による攻撃との間に特別の差はない。

クリスチャン・イニマーク（Christian Enemark）は、「武力行使において区別を可能とするのは、目視による正確な識別」であると指

摘している。ドローンは「高度を飛行し、また地上にいる操縦者にリスクを与えずに、そのような識別を技術的に可能にする」と論じている[*5]。また、その理由について次のように述べている。「ドローンは基地に映像を送り続けながら長時間、探知されずに現場を旋回し続けることができるのだから、そこで通常発生する出来事（と、通常は発生しない出来事）についてのより優れた構図を得るための手段となる」[*6]。さらに、「優れた映像が正確な区別を可能にする限りにおいて、一般的にはドローン技術を使用した戦闘の方法は、少なくとも理論上、他の ranged weaponry（例えば、有人航空機、ミサイル、重砲）技術を使用した戦闘の方法よりも倫理的に優越してなければならない」と論じる[*7]。

しかし、イニマーク自身が指摘するように、実際の攻撃において、どれほど区別が行われているかはよく分からないところである。また、区別と関連して、手段の比例性の問題もある。つまり、「軍事目標に対する攻撃に付随して生じる、民間人や民間の器物に対する被害（付随的被害）をどう考えるか」である。ドローンが付随的被害を回避したり最小限にしたりできる点においてより優れた能力を有するのであれば、それが実践されるか否かは、そうするための意志があるか否かにかかっている。この点においても、ドローン技術と他の軍事技術の使われ方には特段の差異はないように思われる。

ドローンによる攻撃が有人航空機による攻撃と決定的に異なるのは、ドローンのパイロットは物理的に作戦地域に身を置く必要がない、つまり戦闘で死傷しない点にある[*8]。もしドローンが対空攻撃に遭い撃墜されても、パイロットはそのドローンに物理的に搭乗しているわけではないので死傷することはない。

しかし、有人航空機の場合、パイロットが戦闘の現場に物理的に身を置くため、敵からの直接の攻撃によって死傷する可能性がある。たとえ制空権を握っていても、地対空ミサイルなどで攻撃され、撃墜される可能性は否定できない。もし撃墜されたら、死傷する確率は高くなるだろう。

ドローンを戦闘において使用する利点のひとつは、戦闘における自国兵士の死傷者数をなくすか、最低限に抑えることにあるだろう。ある国家や人々は、遠征軍事介入において自国兵士の死傷について非常に敏感である。それゆえ、その国家の政府は自国兵士の死傷を忌諱する傾向になる。より多くの戦闘ドローンを遠征軍事介入において投入すれば、その航空作戦に参加する兵士を作戦地域で死傷させないか、または兵士の死傷者数を少なくできる作戦を立案・実行する機会と選択肢を得ることができる。確かに、作戦地域の地上に展開する兵士やエージェントが死傷するリスクはある。また、既存の有人航空機（爆撃機、攻撃機、戦闘機、また哨戒機や電子戦航空機や空中給油タンカーや輸送機その他の航空機）のパイロットや他の搭乗員が死傷するリスクはある。それらの兵士のリスクは、実施される作戦によっては数多くの死傷者を出すことになるかもしれない。しかし、ドローンを操縦する兵士が作戦地域において死傷する確率はゼロである。

　欧米の先進国においては、軍隊が不必要で理不尽なまでの危険に兵士の生命を晒すこと、いいかえれば「無駄死に」を強制することは道徳的に許容されないだろう。しかし、兵士の生命を深刻なリスクに晒すような作戦は道徳的に許容されないわけではない。そのような作戦は、作戦の政治的、軍事的、道徳的必要性によって是非が評価される。

　ここで、ひとつ重要な点を指摘したい。歴史的に見ると、それらの国家では兵士の命の価値が上がっているということだ。1916年、第一次世界大戦の「ソンムの戦い（Battle of the Somme）」において、英海外派遣軍（British Expeditionary Force）は戦闘開始の第1日目にあたる7月1日に2万人近くの戦死者を出した。ベトナム戦争では、米軍の戦死者数は数万人であった。1993年、ソマリアのモガディシュで行われた米軍の作戦では十数名の米軍兵士が戦死し、戦死者の死体が市内を引き回される映像が世界を駆け巡った。この「CNN効果」によってアメリカでは撤退論が巻き起こり、世論を受けて当事の大統領ビル・クリントンは撤退を決めた。1999年のNATOによる

コソボ空爆は「死傷者ゼロの戦い（zero casualty warfare）」と呼ばれる。なお、この「死傷者ゼロ」というのは言うまでもなくNATOの航空機のパイロットを指すのであり、付随的被害を受ける地上の民間人を指すものではなかった。

「遠征介入」での兵士の戦士に世論が敏感であり、政権運営や軍事戦略や軍事作戦の遂行に支障があるのであれば、政府や軍はパイロットやセンサー操作者が戦死しない（できない）ドローンを使うことに躊躇しないだろう。むしろ、積極的に利用するだろうし、実際に利用されている。

上記を踏まえると、ドローンによる軍事作戦は、ドローンを運用する国家による、その国家の軍隊に所属するドローンのパイロットやセンサー操作者に対する倫理的配慮のひとつとして考えられるかもしれない。その点ではドローンによる攻撃は倫理的であるといえるかもしれない。

しかし、ドローンによる攻撃により付随的被害を受ける人々にとっては、倫理的な攻撃ではない。付随的被害を受ける人々にとって、ドローンが発射したミサイルで死傷することと、発射されたミサイルで死傷することの間にどれほどの差があるだろうか。そして、私たちはその間に倫理的な差異を見出すだろうか。

まとめるに、ドローンによる戦闘が倫理的かどうか、ドローンによる戦闘が倫理的に行われるかどうかは、ドローンの運用方法によって決まる。ドローンによる攻撃は、区別と手段の比例性が満たされている限りにおいて倫理的に許容されると考えてもよいだろう。しかし、他の攻撃手段による攻撃もまた、区別と手段の比例性が満たされている限りにおいて同じように道徳的に許容されると考えてもよいだろう。ドローンまたは他の攻撃手段にかかわらず、区別と手段の比例性を満たさない場合も起こりえる。その場合、私たちはその攻撃を道徳的に許容できないと考えるだろう。

■ ドローンを巡るディストピア

　本章では、戦闘ドローンから「剥き出しの非対称性」を論じた。これまでの議論から、「プレデター」や「リーパー」といった、現在使用されている戦闘ドローンに内在する特有の問題はあまり存在しないようだということが分かった。というのは、攻撃に関しては人間が直接の意思決定を行っており、ドローンが加わっているわけではないからだ。攻撃に関して誰に法的責任や道徳的責任が問われるのか、また誰にどのくらいが帰せられるのかについてはケースバイケースかもしれないし、または見えてこない場合もあるだろう。しかし、指揮系統のどこかに、そして誰かにあることには間違いない。

　ドローンに関する重大な問題は、それが自律性を有するようになってから露出するようになると思われる。今のところ、索敵、標的選定、付随的被害予測の算定、ミサイル発射、攻撃による標的の殺害や破壊の評価を自らで行う戦闘ドローンは実戦配備されていない。しかし、「もしかしたら」ではなく「いつかは」、ロボットやAIによって高い自律性、ひょっとしたら兵士やそれ以上の自律性を有する完全自律型のドローンが戦闘で使用されることになるだろう。その時、ドローンの行為（または作動）についての法的ならびに道徳的責任はどこに帰すのだろうか。もしドローンによる攻撃によって誤爆や大規模な付随的被害が発生したら、ドローンは責任を問われるのだろうか。または、ドローンに責任を問うことはできるのだろうか。もしドローンに責任を問うことができるとするならば、それはどのような形での責任の問い方になるのだろうか。私たちはこのことについて興味を持つかもしれないが、これより突っ込んだ議論を本書の射程におくことができないことが悔やまれる。稿を改めて論じたい。

　最後に、未来において実現して欲しいとは思わないが、やってくるかもしれないドローンによる戦闘をめぐるディストピアを描いてみよう。20XX年、A国の軍隊は、同国内だけではなくB国を含む他の同盟国でも数多くのテロ行為を実行した武装組織の幹部を殺害する軍事

作戦を立案する。幹部はＢ国に潜んでおり、Ａ国はＢ国の同意の下、標的殺害を行うため、Ｂ国内の作戦地域に複数のドローンを展開している。標的に関する情報収集を行うドローン、標的を識別するドローン、標的を監視するドローン、付随的被害予測を算定するドローン、標的を攻撃するドローン、攻撃の評価を行うドローンが、それぞれ同期し、相互に連携して作戦を進めている。ドローンによる作戦行動の指揮を執る作戦本部では、作戦指揮官がドローンの行動を調整・監視している。ドローンによって標的が発見・識別され、監視下に置かれた。ドローンによって算定された付随的被害予測は随時更新され、隠れ家に潜む標的を攻撃する準備は常に整っている。作戦指揮官はすべてのドローンから送られてくる情報を踏まえた上で、ただちに攻撃を行うべきであるという軍事的判断を行い、上層部に政治的判断を仰ぐ。政治的判断は下され、攻撃が承認される。作戦指揮官は戦闘ドローンにミサイル発射を命令する。レーザー誘導ミサイルは定められた座標上に着弾し、爆発する。

　攻撃成果を評価するドローンによる分析結果は次のようなものだった。標的は武装組織の幹部ではなく他人であり、ただの民間人であった。また、標的の潜む隠れ家の前を通りかかったマイクロバスに爆発の影響が及び、乗車していた５人の子どもが死亡した。子どもたちを乗せたマイクロバスは遠足からの帰りであり、その日のその時間帯に幹線道路で臨時の補修工事があり、渋滞を回避するために脇道を走行していた。

　すべてのドローンは正常に作動しており、また作戦指揮官の意思決定の過程と攻撃を命令するまでの手順は適切なもので、何の過誤もなかったはずである。しかし、「誤爆」と「戦争の巻き添えとなったかわいそうな５人の子どもたち」はマスメディアに大きく取り上げられ、Ａ国の政権の支持率は急激に低下し、政府や軍は対応を求められた。調査委員会が立ち上げられたが、調査結果は公開されなかった。

　国防省の報道官は、次のような声明を発表した。「作戦の詳細については軍事機密にあたるので言及できませんが、作戦はすべてにおい

て適法であるという認識が共有されております。付随的被害が生じたことは遺憾ではあり、犠牲者や遺族の方々には心より弔意を申し上げます。しかし、同時に、わが軍とわが軍の兵士は、わが国の安全保障のために必要なことを実践しており、またそうすることが私ども軍事専門職としての使命と深く信じ、日々において変わらず実践しております。」

そして、その日も、世界のどこかで完全自律型ドローンによる軍事作戦が行われている。

やはりここにあるのは、ほぼ絶対に安全な場所から攻撃を認可し、許可し、命令し、そして実行する者を一方とし、その攻撃によって死傷する現場の民間人を他方とすると、その間の関係こそが「剥き出しの非対称性」である。

【注と文献】

* 1　Ben Kesling and Ghassan Adnan, 'Islamic State Drones Terrorize Iraqi Forces as Mosul Battle Rages, *Wall Street Journal*（February 26, 2017），https://www.wsj.com/articles/islamic-state-drones-terrorize-iraqi-forces-as-mosul-battle-rages-1488032643, accessed on April 12, 2018.
* 2　https://www.dronedefensegroup.com/, accessed on April 12, 2018.
* 3　Vin Ray, 'The US Air Force's Commuter Drone Warriors'（January 8, 2017），https://www.bbc.com/news/magazine-38506932　Accessed on June 21, 2018.
* 4　以下の引用部分は Hood, G.（director）, Hibbert, G.（writer）,（2015）, *Eye in the Sky*［Film］, Entertainment One & Raindog film よりセリフの一部を筆者が翻訳したものである。
* 5　Christian Enemark, 'Unmanned Drones and the Ethics of War', in Fritz Allhoff et al.（eds.）, *Routledge handbook of Ethics and War*（Routledge, 2013）, pp. 327-337 at p. 332.
* 6　*Ibid*.
* 7　*Ibid*.
* 8　確かに、パイロットが作戦行動のためドローンを操縦している際に心臓発作を起こす可能性は否定できない。また、長時間座ったままでモニターを見ているので「エコノミー症候群」を発症したり視力が低下したりするかもしれない。しかし、少なくともそれらは物理的に戦場に置かれた身体に対して敵からの直接的な攻撃に起因する死傷ではない。

第8章

防衛産業と人々の保護[*1]

　私たちは、「ミツビシ」「NEC」「カワサキ」「スバル」という言葉からどのようなことを想起するだろうか。それらはわが国を代表する大企業である。それでは、それらの企業が作っているものについて、私たちは何を思い浮かべるだろうか。ひょっとしたら、エアコン、冷蔵庫、パソコン、オートバイ、自動車あたりを真っ先に思い浮かべるかもしれない。それらの製品は（それらのいくつかは実際には海外の工場にて生産されていたとしても）「日本製」または「日本企業の製品」という意味で、より便利で快適な生活を約束してくれる品質の高い「メイド・イン・ジャパン・ブランド」として国外にも知られている。何と素敵なイメージではないだろうか。

　しかし、それらの企業は、兵器製造業としての側面を持っている。例をあげるならば、三菱重工業は、10式戦車、レーザー・GPS誘導弾、（アメリカ企業ロッキード・マーチン社のライセンスの元）ジェット戦闘機を製造している。三菱電機は、防空レーダーシステムを製造している。NECは、指揮・命令・通信システムを製造している。川崎重工業は、ディーゼルエンジン推進型の潜水艦を製造している。スバルは、（アメリカ企業ボーイング社のライセンスの元）攻撃ヘリコプター「アパッチ（AH 64-D）」を製造している。それらの製品は防衛省に納入され、自衛隊によって運用されている。このことについて、企業倫理と戦争倫理の視座から何を言うことができるだろうか。

　本章の目的は、防衛産業がもたらす「剥き出しの非対称性」をあぶり出すために、兵器工場や関連施設に勤務する従業員や、それらの工場や施設の近隣住民の安全や福祉に関する防衛産業に携わる企業の責

任を明らかにすることにある。その目的を果たすための方法として、武力紛争法と戦争倫理に照らし合わせることによって戦時やそれに類する時における兵器工場や関連する施設の地位を検討する。本章の議論は、日本政府や防衛産業に対する友好的な警告であるだけではなく、防衛産業に従事する人々や地元住民に対する啓蒙プロジェクトとして位置付けられるかもしれない。

■ 防衛産業と「倫理」

はじめに、わが国の防衛産業について概観してみよう。防衛省の外局である防衛装備庁の資料によると、「我が国の防衛産業の意義」を次のように述べている。「我が国には工廠（国営工場）が存在しないことから、防衛省・自衛隊が運用する防衛装備品について、生産の基盤の全てと技術基盤の多くの部分を防衛産業が担っている」[*2]。わが国においては、防衛庁ならびに自衛隊への軍事的ハードウェア（兵器など）とソフトウェアは、民間企業によって供給されていることを意味する。しかし、大手取引先企業における総売上げのうちに軍事関連の売上が占める割合は10％から多くとも15％程度であり、アメリカやイギリスにおける大手企業の総売上のうちに軍事関連の売上が占める割合と比べると、比較的に低くなっている[*3]。

防衛産業をめぐる倫理問題はいくつか存在する。そのうちのひとつは、防衛産業そのものの道徳的根拠についてである。この問題は非常に重要ではあるが、本章では扱わない。というのは、もし防衛産業が道徳的に疑わしい、悪の存在であると論証できたとしても、今日明日には防衛産業がなくなることはないからである。この理由は、現状追認ではない。逆に、必ずしも思わしくない現状を改善していくための出発点である。このことを踏まえた上で、本章では、防衛産業が存在することによってもたらされる可能性がある喫緊の倫理問題について論じることとしたい。具体的には、人々を殺傷したり標的を破壊するための兵器や兵器システムを製造する企業の責任について検討する。武器弾薬、戦車、攻撃ヘリコプターなどは、戦闘で用いるために造ら

れたものである。もし武力紛争が発生したら、それらを製造する工場や関連施設は敵の標的にされるかもしれない。このことは、もし工場や関連施設が攻撃されれば、そこで勤務する従業員や近隣に暮らす人々が死傷するかもしれないということを意味するのだ。

■ 「防衛産業」の定義

　「防衛産業」という語句は、ひょっとしたら「自衛隊」のように、少し特殊な用語なのかもしれない。「防衛産業」は、事実上の軍事産業または軍需産業であるが、日本国憲法第九条には「陸海空軍その他の戦力は、これを保持しない」ことが規定されているので、わが国には軍事産業や軍需産業というものは存在しない。防衛のための装備品やサービスを提供する企業によって構成されるのが防衛産業である。

　軍事産業を広くとらえると、軍隊に対して兵器や装備や関連するサービスを提供する国営または民間の企業の集合体として理解できるだろう。具体的には、航空機や車両や艦艇といった兵器や被服といったハードウェアの製造、指揮・統制・通信・運用などのためのソフトウェアの提供、武器取引、運用や兵站に関するコンサルティング、そして要員の派遣といった業務を取り扱う企業が含まれる。さらに広くとらえるならば、基地の食堂の下請け業者もまた、軍事産業の一翼を担う企業として考えることもできるだろう。

　防衛装備庁の資料によると、防衛産業とは「防衛産業は単一の産業ではなく、車両や艦船、航空機から、弾火薬、被服、燃料といった多種多様な産業分野を含む複合産業」[*4]とされる。この定義によると、本章の冒頭で言及した三菱重工業、三菱電機、NEC、そしてスバルは防衛産業に他ならないことがわかるだろう。しかし、この定義は、必ずしも防衛産業の全貌を捉えたものではない。というのは、防衛省や自衛隊に指揮・統制・通信・運用のためのソフトウェアを提供する企業があるにもかかわらず、それらについて明示的に言及されていないからである。

　次に、企業倫理と戦争・軍事倫理の視座より防衛産業、特にわが国

の統治権の及ぶ場所で操業する兵器工場の、戦時における法的ならびに道徳的地位に焦点をあて、それを標的とすることに関する倫理問題について検討しよう。

■ 武力紛争における兵器工場の地位

　過去の武力紛争では、兵器や弾薬を製造する工場は、武器庫、通信施設、発電所、交通の要衝、製油所と並んで標的とされ、攻撃の対象となった。第二次世界大戦では、連合国側と枢軸国側の双方が、相手の本土や支配地域の工業地帯に対していくどとなく戦略爆撃を行った。戦略爆撃の目的が軍事ならびに民間産業やインフラを破壊することによって敵の戦争遂行能力を削ぐことにあるとするならば、兵器工場は往々にして標的リストの上位にあり、優先的に標的とされたのも当然だろう。現代においても、もし武力紛争が発生したら、攻撃する側は敵側の兵器工場を破壊することによって生産力の低減を狙うことは大いにありえるだろう。

　わが国における兵器工場は、国内外の市場向けに民生品も生産する民間企業によって操業されている。では、もし武力紛争が発生した場合、それらの兵器工場を攻撃の標的としてはならないのだろうか。確かに、武力紛争法は、民間人や民間の器物を標的とした直接攻撃や無差別攻撃を禁止しているように思われる。一般論として、民間企業やそこで働く従業員は、民間人や民間の器物に含まれる。しかし、いかに操業主が民間企業であって、また従業員が民間人だとしても、それらの工場で生産されているのは、まさに戦争を遂行するためのものである。

　それでは、上記の問い、つまり民間企業が操業する兵器工場への攻撃について考えるために、まずは武力紛争法を見てみよう。ジュネーブ諸条約第一追加議定書の第五十二条は「民用物の一般的保護」について「民用物は、攻撃又は復仇の対象としてはならない。民用物とは、2に規定する軍事目標以外のすべてのものをいう」と定めている。軍事目標は、同条2項において、「物については、その性質、位置、

用途又は使用が軍事活動に効果的に資する物であってその全面的又は部分的な破壊、奪取又は無効化がその時点における状況において明確な軍事的利益をもたらすものに限る」とされている。同議定書の注釈書の第2020段落には、「性質」についての説明がある。

> その「性質」として、軍事行動に効果的な貢献をする器物である。この範疇には、兵器、装備、輸送、防御設備、補給廠、軍隊が使用している建物、参謀本部、通信拠点といった、軍隊によって直接用いられる全ての器物が含まれる[*5]。

明示的には特定されていないが、軍事行動に効果的な貢献をする兵器を生産している工場——おそらく、軍事行動に効果的な貢献をする性質を持たず、またそうだと分かっている兵器をあえて生産することはほぼないと考えてもよいだろうから、実質的にはすべての兵器工場——もまた、正当な軍事目標として考えられるだろう。

ジュネーブ諸条約や追加議定書で提示されたそれらの考えは、国家レベルにおける武力紛争法マニュアルに組み込まれている。例えば、英軍は公式文書として『統合軍武力紛争法マニュアル (*the Joint Service Manual of the Law of Armed Conflict*)』を有する[*6]。この文書によると、「軍需品や軍事的価値のある物品を製造したり開発したりする作業所」は、もし第一追加議定書第五十二条2項で述べられている条件が満たされた場合には、「軍事目標となる可能性を有する事例リスト」に入るとされる[*7]。兵器工場が「軍需品や軍事的価値のある物品を製造したり開発したりする作業所」に含まれることはほぼ疑いの余地はない。つまり、国営か民営かに関わらず、もし「比例性」と呼ばれる条件が満たされれば、兵器工場は軍事目標とされる。『統合軍武力紛争法マニュアル』は次のように述べている。

> 弾薬工場は、そこで働く民間人の死が工場の破壊によって得られる軍事的利得に対して不均衡ではないくらい重要な軍事標的に

なってもよい*8。

　このことは、兵器工場が軍事目標となりえ、また正当な攻撃対象として考えられていることを示唆する。当然ながら、操業中の兵器工場を攻撃すれば、そこで働く従業員が死傷する可能性がある。それらの人々を死傷させることは本当に許容されるのだろうか。

■ 兵器工場で働く人々について

　すでに見たように、防衛産業は多種多様な民間企業の集合体で成り立っているので、基本的には兵器工場で働いているのは軍人や公務員ではなく民間人である。もし攻撃されたら、そこで働く人々は死傷することになるだろう。武力紛争法は直接の敵対行為に参加していない民間人を直接攻撃することを禁じている一方で、軍事的性質を有する工場がある特定の条件化においては軍事目標として攻撃されることを認めている。武力紛争法は、このような一見すると競合するような規範に対する一定の和解策を提示する。

　第一追加議定書第五十一条2項は、「文民たる住民それ自体及び個々の文民は、軍事行動から生ずる危険からの一般的保護を受ける」と、民間人やその集団に対する保護を規定している。同じように、『統合軍武力紛争法マニュアル』は、兵器工場で働いているという民間人の活動は直接の敵対行為への参加を意味しないので、それらの人々に攻撃を加えることは正当化されないと以下のように述べている。

　　直接の敵対行為に参加することは戦闘員にのみ許容されている。つまり、それらの人々は攻撃してもよいということである。直接の敵対行為に参加することは民間人には許容されていない。直接の敵対行為に参加するということは、単に戦争遂行に貢献するということよりも狭い意味で解釈される。弾薬工場で働いていたり、ただ単に戦争の遂行に貢献していたりしたからといって、そのよ

うな活動をしている民間人を標的にすることは正当化されない[*9]。

また、同文書は、「直接の敵対行為への参加」の例を示して次のように説明する。

　民間人が直接の敵対行為に参加しているか否かは事実問題である。対空砲を操作したり軍事施設に対して破壊行為を行ったりする民間人はそう［直接の敵対抗に参加］している。軍事車両の整備場や弾薬工場で働く民間人はそうではないが、軍事目標は民間人がそこにいるかどうかに関わらず攻撃してもよいのであるから、そこで働く人々はリスクにさらされる[*10]。

しかし、同文書は、もし兵器工場で働く民間人の死が、工場の破壊によってもたらされる軍事的利得とつり合うと見込まれる場合には攻撃してもよいと次のような示唆を行っている。

　……弾薬工場は正当な軍事標的であり、そこで働く民間人はそうではないのだが、もしそれらの標的が攻撃されるときにはリスクにさらされる。そのような偶発的な被害は比例性の原則によって統制される[*11]。

つまり、もし比例性の原則が満たされることが見込まれるのであれば、付随的な被害として民間人を死傷させることを許容しているのだ。これは、武力紛争法の基盤にある軍事的必要性と比例性の原則に沿ったものだが、十分に納得できるだろうか。
　これで、民間人保護に関する武力紛争法の論理構造が明らかになった。それは２層構造となっており、次のようにまとめることができる。第一の層は、民間人の一般的保護、つまり一般原則としての民間人保護を規定する。それは、次のように展開できる。1）直接の敵対

行為に参加していない民間人は保護される地位にあり、直接攻撃の標的としてはならない。2）軍事的性質を有する工場で働く民間人は直接の敵対行為に参加していない。3）それらの人々は保護される地位にあり、直接攻撃の標的としてはならない。

　第二の層は、民間人保護の条件付免除、つまり民間人保護に関する例外原則を規定する。それは、次のように展開される。1）軍事的性質を有する工場は正当な軍事目標であり直接攻撃をしてもよいが、そこで働く民間人を直接攻撃してはならない。2）攻撃は工場を標的としており、そこで働く民間人ではない。3）民間人の受ける被害が付随的であり、またそれが工場の破壊や無力化によってもたらされる軍事的利得とつり合う（比例性の原則を満たす）ことが見込まれる場合には、工場を攻撃することは正当とされる。

　このように、武力紛争法は、もし問題となる工場を破壊し無力化することに高い軍事的価値が存在すると考えられた場合、比例性の原則が満たされることが見込まれる限りにおいてその工場が標的として攻撃される可能性が高まることを許容するだけではなく、その可能性が高まるということさえ読み取ることができるかもしれない。万が一にもわが国において武力紛争の状態が発生した場合には、兵器工場は軍事目標になり、正当な標的として攻撃の対象になるかもしれない。

■ 残された問題

　これまで、武力紛争法の視座より兵器工場の地位を論じてきた。しかし、ひとつ残された倫理問題がある。それは、軍事目標の射程である。具体的には、この問題は次の2つの問いにまとめることができる。ひとつは、「例えば、兵器工場の操業計画を含むような企業の経営戦略や方針が決定される本社中枢を攻撃することは許容されるのか」である。もうひとつは、「防衛産業に間接的に関わっている企業や研究機関を攻撃することは許容されるのか」である。この2つの問いを考えてみよう。

　まず、第1の問いである「例えば、兵器工場の操業計画を含むよ

うな企業の経営戦略や方針が決定される本社中枢を攻撃することは許容されるのか」について考えよう。一方で、民間企業とはいえ、組織上の位階制「指揮系統」という考えを重視するならば、兵器工場を監督し、指示し、責任を負う本社中枢、例えば、取締役会などを無力化することは許容されるように考えられる。他方で、「軍事的性質」という考えに注目するならば、兵器工場だけではなく、他の民生品を製造する工場や民間に対してサービスを提供する施設をも監督し、指示し、責任を負う本社中枢を無力化することは許容されないと考えられるかもしれない。特に、その企業の軍事的貢献が低ければ低いほど、無力化することは許容されないと考えられるかもしれない。もちろん、攻撃対象はあくまでも役割と機能を併せ持つ物理的な民用物であり、企業の役員や従業員に付随的被害が出る可能性は高いが、それらの人々は民間人であるので直接の攻撃対象ではないし、そうであってはならないはずである。

次に、第2の問いである「防衛産業に間接的に関わっている企業や研究機関を攻撃することは許容されるのか」について考えてみよう。標的選定と、従業員や構成員に対する企業や組織の責任に関する倫理問題を明確にするために、2つの典型的な事例を取り上げて考えてみよう。ひとつは、兵器工場を操業する企業に対して、兵器部品の流通網の保全管理を含む工場操業の効率化を請け負うシステムコンサルティングをサービスとして提供する企業である。もうひとつは、軍民両用技術の研究開発について防衛産業と共同研究を行う、または防衛産業からの委託研究を行う研究機関である。それでは、上記の2つの事例について検討しよう。

システムコンサルティング会社は、作業能率向上の達成に寄与することよって、兵器工場の効率的な操業の実現に貢献する。この点において防衛産業に深く関与していると考えられ、間接的にではあれ軍事的性質を有する活動を行っているとみなすことができるかもしれない。そのシステムコンサルティング会社が兵器工場を操業する企業だけではなく、例えば、金融、運輸、通信、メディア、飲食、観光と

いった他の民間向け産業に対してもシステムコンサルティングを提供しているとするならば、本社中枢を無力化することが許容されるか否かは、その企業の軍事的貢献の度合いに依存すると考えることができるかもしれない。

　軍民両用技術の研究開発について防衛産業と共同研究を行う、または防衛産業からの委託研究を行う研究機関もまた、システムコンサルティング会社の場合と同じような議論が成立するだろう。もし攻撃を行う側が、たとえ間接的であってもその研究機関が軍事的性質を有する活動に関与していると考える場合には、武力紛争時においては攻撃の標的とされることが許容されるかもしれない。このことは、その研究機関が民間企業の研究所だろうが、私立大学だろうが、組織の形態に関係ないように思われる。攻撃する側は非難を受けないかもしれない。しかし、研究機関は構成員を保護することが望まれ、実に求められるだろう。それらの機関が対処すべき課題は、ひょっとしたら発生するかもしれない可能性がある非常事態や緊急事態について機関構成員に対して十分に知らせ、説明を行うことである。それが組織としての責任だろう。

■ 人々の保護についての提案

　前節では、武力紛争法に照らし合わせて特定の条件が満たされる場合には、民間企業が操業する兵器工場は正当な軍事目標としてみなされ、攻撃の標的になることがあると論じた。また、兵器工場で働く人々を工場への攻撃に際して付随的に死傷させてしまうこともまた、特定の条件が満たされた場合には法的に許容されることがあると論じた。

　攻撃する側は、軍事的性質を有する兵器工場を攻撃する権利を有しており、攻撃は合法であるだけではなく、それを道徳的に正当化するに足る理由が存在するとさえ主張するかもしれない。万が一にも、わが国と他国の間で武力紛争が発生した場合や、他国がわが国に対して武力を行使してきた場合には、兵器工場への攻撃は軍事戦略の一環と

して現実的で、優先順位の高い選択肢のひとつになるかもしれない。

　上記を踏まえ、ここでは、防衛産業ならびにわが国の政府に対して、兵器工場の従業員や工場や関連施設の近隣にいる人々の保護についての提言を行う。

　防衛産業を構成する企業、特に兵器工場を操業し、防衛省の主要取引先である企業は、コーポレートガバナンスの一環として従業員に適切な保護を提供し、その安全を保障することが求められるだろう。以下は、それらの企業に望まれるだけではなく求められる、もしまだ行っていないのであればただちに行うべき、またもしすでに行っているのであればさらに充実させるべき措置である。

　第1に、企業は従業員（特に兵器工場に勤務する人々）に対して、職場が軍事目標として攻撃の標的とされうるという事実についての十分な情報を提供し、理解を得るべきである。第2に、企業は従業員に対して、ある特定の業務や、そのような特徴を有する職場での勤務を希望者のみに限るとするオプト・インの機会を保障してもよいかもしれない。企業は、兵器工場で勤務することから生じうるリスクや危険について十分な説明を行い、そのリスクや危険についての理解を得、自発的な意思によってそれらを受け入れることを確認した上で勤務することに同意するインフォームド・コンセントを得るべきであろう。第三に、企業は、もしオプト・イン制度の実施に困難があるのであれば、ある特定の業務や兵器工場を含むある特定の工場や関連施設での勤務について、希望者はその業務から外れることができるオプト・アウトの機会を保障してもよいかもしれない。もし従業員が兵器の製造に関わる業務に関わりたくないという表明を行い、オプト・アウトしたとしても、その従業員に対する理不尽な業務評価、昇任や昇給の機会、その他福利厚生の面についての差別を行うべきではない。そのような仕組みがある方が、よりよい企業であり、またよりよい社会ではないだろうか。

　兵器を製造する企業の責任は、その従業員だけに限られるものではない。企業は、兵器工業や関連施設の近隣にいる人々の保護や安全の

確保についても責任を負う。すでに見たように。武力紛争法では民間人を直接の攻撃目標とすることを禁じてはいるが、ある攻撃が「比例性の原則」を満たす限りにおいて、民間や民用物に対して付随的被害が生じることを許容する。「比例性の原則」は、次のように規定される。

> 予期される具体的かつ直接的な軍事的利益との比較において、巻き添えとなる民間人の死亡、民間人の傷害、民用物の損傷又はこれらの複合した事態を過度にひき起こすことが予測される攻撃を行うことは禁止されている[*12]。

　もし民間人や民用物が受ける被害が過度ではないと見込まれる場合には、民間人や民用物に対して、そのような偶発的な危害を加えることは武力紛争法の違反とはならない。つまり、兵器工場の破壊がもたらす軍事的利得が、その攻撃によって発生する付随的被害と「つり合う」ことが見込まれる場合には、その攻撃は許容されるのである。
　さらに、兵器や装備の技術的発展によって、より精密な攻撃ができるようになったが、正当な軍事目標を逸し、保護対象であるはずの人々や民用物を誤って死傷させてしまうリスクや危険は常に伴う。兵器を製造する企業は、兵器工場や関連施設の近隣のいる人々に対しても、工場や関連施設が攻撃の標的となる可能性があることを周知し、人々の意識を高めるとともに、もし攻撃があった場合にも十分に対処できる措置を講じておくべきだろう。
　政府もまた、防衛装備品の調達の多くを民間企業に依存している以上、兵器工場やその関連施設で勤務する従業員や、それらの近隣にいる人々を保護する責任がある。工場や関連施設が所在する地方自治体とも連携し、攻撃が行われた際において従業員や近隣の人々が受けるだろう被害を回避したり最小限に抑えたりするような、具体的な危機管理計画や緊急時対応策を策定することが求められる。
　政府の責任は、近い将来においてさらに増大することになるだろ

う。というのは、政府は国産の武器や兵器の輸出に興味を持っているからである。例えば、オーストラリアに対してそうりゅう型潜水艦の売込みに失敗した過去がある。本書の執筆時には、武器や兵器の輸出に目覚しい成果は出ていないが、交渉は続いているようである。国際的な武器取引の落とし穴のひとつは、その行為によって攻撃される可能性が高まるかもしれないということである。言い換えれば、武器輸出は国内の兵器工場や関連施設に対する攻撃を誘発する可能性を加速度的に高めることになるかもしれない。

■ 防衛産業と「戦争に巻きこまれる」ことについての責任

　武力の行使は、ほぼ必然的に人々を殺傷し、器物を破壊することになる。可能な限りにおいて武力を行使しないことは、ほぼ常に道徳的に賞賛され、より望ましいとされるだろう。戦争を回避することもまた、ほぼ常によりよい選択であろう。しかし、戦争は決して起こらないなんて、私たちは自信をもって言えるだろうか。戦争はいつ起こってもおかしくないのかもしれない。

　戦争を起こすことと戦争に巻き込まれることとは異なる。侵略や暴力の犠牲になるような状況を回避するためにも、国家は国家防衛の準備を行うのかもしれない。そのためには、軍事産業の健全な育成と発展が重要になる、のだろうか。

　防衛産業に関わる企業、特に兵器工場を操業する企業は攻撃を受けるかもしれない。というのは、戦争のための道具を製造しているからという単純な理由による。武力紛争時には、それらの工場や関連施設は軍事的性質を有する以上、正当な軍事目標となりえ、ときとして優先順位の高い攻撃の標的とされうる。もし政策立案者、政策決定者、軍隊内の法律専門家、そして指揮官が軍事的必要性を認め、また比例性の原則が満たされると判断する場合には、兵器工場は攻撃される。もし工場が攻撃されれば、その結果として、そこで勤務する従業員や近隣にいる人々が巻き添えとなって死傷する。少なくとも死傷するリスクや危険を負っている。

第二次世界大戦では、日本各地の軍需工場や造船所が連合国軍による戦略爆撃によって破壊された。その結果として、そこで働いていた人々と、その近隣のいた人々もまた死傷した。

　「歴史は繰り返す」という言葉がある。確かにそうなのかもしれない。戦争は起きるかもしれないし、兵器工場化関連施設は攻撃によって破壊されるかもしれない。私たちは、そのような悲惨で恐ろしい出来事が繰り返されることを望まないし、また繰り返されるべきでないと考えるだろう。

　戦争を回避する責任は国家にあるかもしれない。兵器工場や関連施設の従業員や近隣にいる人々が受ける被害をなくしたり最小限にしたりする責任は企業だけではなく政府にもあるだろう。兵器工場が攻撃の標的である事実を認識し理解すること、そのことを従業員や近隣にいる人々に説明し理解してもらう努力をすること、そして攻撃が発生したときには人々の生命を救うための危機管理計画や緊急時対応策を策定することが、兵器工場を操業する企業の責任である。

　「歴史から学ぶ」という言葉がある。私たちは、過去の惨事から過ちを学び、そのようなことが再び起こることを回避したり、もし残念にも起こってしまった場合には、それによって生じる被害を最小限に抑えたりする義務がある。「学び」がもたらす力を信じつつ、「学び」を実践していくことが私たちに求められているのではないだろうか。

【注と文献】

* 1　本章は、拙稿 'Target: the Japanese Defence Industry — Ethical Issues Surrounding Military Hardware Manufacturers', *Revue Roumaine de Philosophie*, 62(1) (2018), pp. 33-43 を基に、加筆修正したものである。
* 2　防衛装備庁装備政策部、「防衛産業に関する取組」（平成28年6月15日）、2頁。http://www.mod.go.jp/j/approach/agenda/meeting/bouei_gijutsu/sonota/03_a.pdf、2018年5月22日アクセス。
* 3　ストックホルム国際平和研究所（SIPRI）によると、2016年における三菱重工業の軍事関連の売上は、世界トップ100の兵器生産企業や軍事サービスを提供する企業の順位付けにおいて、第21番目（36.7億米ドル）に位置付けられている。この売上は、三菱重工業の総売上のうちのおよそ10%

を占める。また、NECの軍事関連の売上（8.3億米ドル）は第86番目に位置付けられている。この売上は、NECの総売上の3%を占める。世界第1位の軍事関連の売上を誇るアメリカ企業ロッキード・マーチン社は、総売上のうち86%を軍事関連の売上（408.3億米ドル）が占める。世界第4位のイギリス企業BAEシステムズは、総売上のうち95%を軍事関連の売上（227.9億米ドル）が占める（Fleurant, A. et al, *The SIPRI Top 100 Arms-Producing and Military Services Companies, 2016: Sipri Fact Sheet December 2017* (SIPRI, 2017) https://www.sipri.org/sites/default/files/2017-12/fs_arms_industry_2016.pdf, accessed 11 March 2018.）。

* 4 防衛装備庁装備政策部、「防衛産業に関する取組」（平成28年6月15日）、3頁。http://www.mod.go.jp/j/approach/agenda/meeting/bouei_gijutsu/sonota/03_a.pdf, 2018年5月22日アクセス。

* 5 International Committee of the Red Cross, *Commentary on the Protocol Additional to the Geneva Conventions of 12 August 1949, and relating to the Protection of Victims of International Armed Conflicts (Protocol I), 8 June 1977* (International Committee of the Red Cross, 1987), p. 636. https://ihl-databases.icrc.org/applic/ihl/ihl.nsf/Comment.xsp?action=openDocument&documentId=5F27276CE1BBB79DC12563CD00434969, accessed on January 4, 2018.

* 6 この議論の文脈で英軍のマニュアルに言及する理由は、英軍がわが国の兵器工場を攻撃することが予測されるからではない。現代の国際情勢に鑑みるに、まず起こりえないだろう。そうではなくて、軍隊が標的選定の方針の元となる作戦ガイドラインに武力紛争法を組み込んだ一例として考えられるからである。

* 7 UK Ministry of Defence, *The Joint Service Manual of the Law of Armed Conflict*, Joint Service Publication 383 (MOD, 2004), 5.4.5, pp. 56-57; 5.4.1, p. 54.

* 8 *Ibid.*, 2.6.3, p. 25.

* 9 *Ibid.*, 2.5.2, p. 24.

* 10 *Ibid.*, 5.3.3, p. 54.

* 11 *Ibid.*, 2.5.2, p. 24.

* 12 International Committee of the Red Cross, *Customary International Humanitarian Law Volume 1: Rules* (Cambridge University Press, 2005), p. 46.

第9章

道徳的運と「より少ない悪」[*1]

　戦争においては、「戦争の霧（fog of war）」[*2]と呼ばれる状況が生じることがある。それは、文字通り銃弾や砲弾が飛び交うだけではなく、未確認情報が飛び交い、情報の錯綜や混乱が生じ、予測できなかった事態が連鎖的に発生するような状況である。そのような状況は想像に難くないだけではなく、これまで実際に何度となく起きてきた。そのような、常に不確定要素が伴う状況においては、戦争や戦闘の成功や失敗、また正不正について何らかの形で運が関わってくる。

　運は戦争の始まるずっと前から、戦争における個人に対して影響を及ぼす。個人についてみれば、生まれる時代や地域、生まれついての先天的資質、生育した社会環境や家庭環境と後天的に身に着けた資質、社会的地位や職業といったさまざまな要素により、戦争に巻き込まれるか、またどれほど戦争の影響を受けるのかは変わってくる。いつどこで生まれ、どのように育ち暮らしているか、そしてその時その場所で戦争が始まり、戦争の影響を受けてしまうかは、ほとんどの人にとっては自律的に選択することができない。否応なく、戦争においては、運は人々に影響を与えるといえる。

　確かに、競技スポーツやゲームの勝敗に、運は係わる。同じように、戦争の勝敗にも、作戦の成功や失敗にも、戦場での生死にも、運はかかわってくる。しかし、多くの競技スポーツやゲームと異なり、戦争や戦闘が抱える特有の問題は、ほぼ確実に誰かが死ぬということ、また勝敗や引き分けといった状況では説明できない（程度の差こそあれども）誰もが割を食う状況が起こりえ、また常に犠牲者になる可能性があるということに運が係わることである[*3]。

戦争において問題となる運のうちには、戦争の現場、つまり戦場における行為やその結果についての道徳評価に係わるもの——道徳的運——もある。道徳的運が戦争そのものや戦争における作戦や個々の戦闘に関わっていることは論を俟たないだろう。同じように、道徳的運が、戦争そのものや戦争における作戦や個々の戦闘についての道徳評価に関わっていることも疑いのないところであろう。

　しかし、戦争と道徳的運の問題は、戦争倫理学や軍事倫理学の領域においてはほとんど扱われてこなかった。だが、例外的に、マーカス・シュルック（Marcus Schulzke）の論文は、戦争と道徳的運の問題をある程度まで正面から論じている[*4]。その論文の論旨としては次の通りである。

1) 兵士は時として戦場において倫理的推論過程（ethical reasoning process）を用いて解決することが不可能な倫理ジレンマに直面することがある。
2) 兵士が十分に状況を把握できていなかったりコントロールできていなかったりする場合においては、倫理的決定手順を用いてそれらのジレンマを解決することはできない[*5]。
3) それらのジレンマにおいては、兵士は行動の正しい方向性を推測するしかなく、結果を運に委ねることになる。

　本章は、シュルックの議論を適宜参照し、また参考にしながらも批判的検討を行いつつ、戦争と道徳的運、より具体的には戦場における兵士の行為と道徳的運について事例を検討することを通して議論を進めていくこととしたい。

　本章は3つの部分に分かれている。まず、戦争と道徳的運に係わる論点を整理したうえで、本章の射程を確定する。次に、戦闘において道徳的運がどのように関わるかを明らかにするために、2つの事例を通して検討を行う。さらに、軍事専門職倫理教育の役割と機能について論じる。そこでは、軍事専門職倫理教育は、戦場において兵士が本質的に悪い行為を道徳的運に賭けて上手く逃れるような機会主義な傾向を抑制することに資するだけではなく、戦場における行為が道徳

的に最悪な結果をもたらす事態を避けるための一つの方法となり得ると結論付ける。

■ 「道徳的運」の論点整理と射程の確定

　一口に戦争と道徳的運といっても、それに係わる問題領域の範囲は非常に広い。例えば、「誰にとっての道徳的運が問題となるのか」という問いがある。それに対して、「関係する誰でも」という回答は問題を単純化し過ぎているかもしれない。しかし、戦争の開始、継続、終結に責任を持つ政治指導者、軍事政策としての戦争の遂行に責任を持つ将官、作戦地域で実際に戦闘を遂行する指揮官や兵士、戦闘に巻き込まれる非戦闘員や民間人、そして戦争や戦闘にかかわり、影響を受け、証言者として立会い、傍観し、無関心であり、戦争が起きていることさえ知らない人々まで含めることもできるだろう。

　しかし、当然のことながら、上記の人々の行為、それに伴う結果における道徳的運の役割を網羅的に扱うことは現実的ではない。そこで、本稿では、武力または軍事力という相手の同意を伴わない物理的強制力を実際に行使する者、つまり軍人の行為、またそれに伴う結果において道徳的運がどのように係わるかについて考えていきたい。というのは、軍人は、保護の対象でありながら戦闘に巻き込まれたり攻撃にさらされる暴力の受け手でしかない民間人や非戦闘員とは異なり、武力や軍事力を用いて人々を殺傷したり器物を破壊したりできる特権を有しており、暴力を行使する直接の行為者であるからだ。暴力を行使する主体——つまり軍人——の行為やその結果は、相手の同意のない物理的強制力——つまり暴力——の行使が伴うがゆえに、道徳的考慮を必要とする重要な対象となる。そして、その行為や結果は道徳評価の対象となり、さらにその評価には道徳的運が影響を及ぼす。

　また、上記の問いと関連して、「戦争のどのレベルにおいて道徳的運が問題となるのか」という問いもある。例えば、国家運営としての軍事戦略レベル、軍事作戦のレベル、現場での戦闘のレベルを考えることができる。おそらく多くの場合、さまざまなレベルは複雑に関連

する。また、他のレベルを考えることも可能かもしれない。しかし、まずは、次の3つのレベルを設定しよう。

1) 戦争の開始、継続、終結に関する道徳的運（国家の軍事外交政策）
2) 軍事活動に関する道徳的運
 2-1) 作戦レベルにおける道徳的運
 2-2) 戦闘レベルにおける道徳的運

　まず、「1) 戦争の開始、継続、終結に関する道徳的運（国家の軍事外交政策）」は、政治指導者が戦争を開始すること、（どのような軍事戦略を採るかも含めて）継続すること、終結することに関しての道徳的運が問題となる。ここでは詳細な分析は行わないが、道徳的運を想起させるような事例として、1945年8月の日本の無条件降伏をあげることができるかもしれない。

　次に、「2) 軍事活動に関する道徳的運」のうち、「2-1) 作戦レベルにおける道徳的運」は、ある軍事作戦の開始、遂行、終了とその結果に関する道徳的運のことである。言い換えると、将官や大規模部隊の指揮官の行為、またそれがもたらす結果に関しての道徳的運が問題となるということである。なお、ここでの作戦レベルとは、大規模な部隊単位での軍事行動を指す。ここでは詳述しないが、例えば、第二次世界大戦のヨーロッパ西部戦線での、連合国軍による「マーケット・ガーデン作戦（Operation Market Garden）」（1944年9月）をあげることができるだろう[*6]。連合国軍は空挺降下作戦によって最終目標であるオランダのアーネムの橋の奪取を目指したが、連合国軍にとって作戦遂行上不利となるさまざまな要因が重なって失敗という結果となった。

　最後に、「2-2) 戦闘レベルにおける道徳的運」は、戦闘を実際に行う現場指揮官たる下級将校、また下士官ならびに兵士の行為、またそれがもたらす結果に関しての道徳的運が問題となる。例えば、指揮

する部隊が敵対する武装勢力による奇襲を受け、壊滅の危機に陥った場合を想定しよう。ある時点で指揮官のとった行為は、奇襲にさえ遭わなければ結果として道徳的に賞賛される（または少なくとも非難されない）はずだったとしよう。しかし、たまたま偶然に奇襲に遭ってしまったという不運によって、その行為は結果として道徳的に非難されることになるかもしれない。

　さて、それでは本章の射程を明確化したい。本章では、戦争における道徳的運について応用倫理学（特に戦争倫理／軍事倫理／軍事専門職倫理）上の問題を明確化するために、上記3つのレベルのうち最後にあげたレベル、つまり戦闘レベルを扱うこととしたい。というのは、ある限られた特定の行為、またそれに伴う結果について検討することにより、その趣旨に沿った議論を展開することができると考えるからである。一方で、戦略や作戦レベルといった広範囲に「関係する誰でも」の範囲が広くなればなるほど、またそれらの持続時間が長くなればなるほど個々の道徳的運が複雑に連関することになり、いくつかの道徳的運の関連や因果関係を特定することが難しくなると考えられる。また、それらの複数の個々の道徳的運からなる複合物を単一の道徳的運（の集合体）として議論することにより、戦争における道徳的運の問題の所在がぼやけてしまうか、または問題を不必要に単純化してしまうことが懸念される。他方、戦闘レベルにおける行為は比較的単純な構造を持つ。したがって、戦闘レベルでのある限られた行為を検討することを通して、戦争における道徳的運のひとつの典型的かつ重要な形態を明らかできることという見込がある。また、このレベルにおいてこそ、シュルックが言うところの、兵士はその行動の正しさを運に委ねるしかない「戦争における解決不可能な倫理ジレンマ」というものが浮き彫りとなる。

　また、戦争における道徳的運を検討するにあたっては、道徳的運の構成要素についても言及する必要がある。本章では、軍事政策の執行者である軍人の行為についての道徳評価に関して道徳的運が果たす役割を検討する以上、軍人の行動の特性を勘案する必要があるだろう。

トマス・ネイゲル（Thomas Nagel）は、公的道徳や公的決定は私的道徳や私的決定よりも帰結主義的傾向にあると論じている[*7]。軍人は国家の軍事政策の執行者という公職にある以上、その職務上の倫理や判断、決定もまた、帰結主義的な傾向にあるものとして考えられよう。この議論に基づいて本稿の検討を進めるのであれば、戦争における道徳的運を評価するにあたっては、行為の結果に関する道徳評価が重要な地位を占めると考えられる。

このような理由により、ここから先では、戦闘レベルにおける、ある特定の指揮官の行為に伴う結果に関して道徳的運が果たす役割について検討することとしたい。

■ 戦闘において道徳的運が問題となる場合

先ほど行った問題設定と議論の明確化を踏まえ、ここでは戦闘レベルでの軍人の行為に伴う結果に関して道徳的運が果たす役割について、仮想事例を用いて検討を行う。次の「停車指示に従わない救急車の制止」という事例を考えてみよう。

事例１：停車指示に従わない救急車の静止

　　ある中東の国に派遣されたホワイト軍曹は、同僚と共に基地正門前に設置してある検問所で基地正門の警備と基地の前を通る不審車のチェックを行っていた。基地正門は都市と町を結ぶ幹線道路に面しており、車両通行は頻繁である。しかし、高速で直進してくる車両を使った自爆攻撃を防ぐため、基地周辺の道路には交通を制限するためコンクリート製の障害壁が多数設置されている。そのため、基地周辺では常に交通渋滞を惹き起こしている。

　　ある日の午後、遠方から救急車がサイレンを鳴らし、前方の車両と障害壁をかわすために路肩に乗り上げながら高速で検問所に向かってきた。ホワイト軍曹は交戦規定（Rules of Engagement；ROE）に従って、マイクによる車両の停止命令を出し、次いで警告射撃を行った。しかし、救急車は速度を落とすどころか、逆に

第9章　道徳的運と「より少ない悪」　153

速度を上げて近づいてくる。それを見て、敵対武装勢力による自爆攻撃と判断したホワイト軍曹の同僚は、救急車に対して手持ちの小銃で直接射撃を行ったが、数発を撃つうちに弾詰まりを起こし、射撃できない状態になってしまった。その間にも救急車は高速で急接近してくる。

　ホワイト軍曹は救急車の接近を阻止するため、構えていた重機関銃を救急車に向け、連続射撃を行った。銃撃によって蜂の巣となった救急車は検問所の20メートル前で完全に停止した。基地から増援のために送り出させた兵士とともに銃痕だらけとなった救急車の中を確認することにした。運転手が即死していることは明らかであった。ホワイト軍曹が救急車の後部を覗くと血まみれになった担架があり、そこには臨月の妊婦の死体が横たわっていた。後になって分かったことだが、その救急車は、自然分娩が難しく適切な手術を受けるために妊婦を乗せて、医師はおろか助産師さえいない田舎の小さな町から都市の病院に向かう途中であったのだ。路肩を走った理由は、妊婦の容態が急激に悪化したために、渋滞を避けて一刻も早く病院に着く必要があった。妊婦の体からは小銃の銃弾は見つかっておらず、致命傷となった頭部・胸部・腹部の銃創は、重機関銃の銃弾によるものであった。

この事例での道徳的運とは何だろうか。ホワイト軍曹は妊婦を射殺したことに道徳的責任があるのだろうか。「悪い時間に悪い場所にいた」ホワイト軍曹はただ「運が悪かった」だけなのだろうか。
　極端なところから始めよう。もしホワイト軍曹は救急車が妊婦を純粋に救急搬送していることを知っているにもかかわらず射撃を行ったのであれば、ホワイト軍曹の行為には道徳的責任が問われ得るし、その行為は道徳的非難に値するだろう。しかし、先の例では、ホワイト軍曹は「救急車が妊婦を救急搬送している」ことについて知らなかった、いや、より正確には知る由もなかったのだ。もし救急車が爆薬を満載していて自爆攻撃を行う目的であったなら、制止するために救急

車を射撃することに（絶対平和主義者でない限りにおいて）道徳的問題がないと考えるだろう。自らやまわりの者の生命に対する不当な脅威である以上、それを取り除くことは許容されないとは言えないし、非難に値することではない。むしろ、その脅威の除去こそが軍人としてのホワイト軍曹の職務であり、道徳的義務として考えることができるだろう。それゆえ、もしその脅威を取り除かず、結果としてまわりの者が死傷したとするならば、ホワイト軍曹の行為は職務不履行になるだけではなく、道徳的非難に値すると考えられるかもしれない。

　それでは、「知る由もない情報を知らなかったということから生じる無知」は、道徳評価において考慮されるべきことなのだろうか。これは道徳的運の問題であるように思われる。しかし、「知ろうとすれば知ることができる、またその見込みがあるにもかかわらず知ろうとしないことから生じる無知」は、道徳的責任を生じさせる可能性がある。すると、次のように言えるかもしれない。ホワイト軍曹は、妊婦を射殺してしまったことに罪悪感を覚えるかもしれない。確かに、その行為に道徳的責任が問われえないとはいえない。しかし、その責任は道徳的運がもたらしたに過ぎず、良心の呵責を覚える必要のないものであって、必ずしも非難されうるとはいえないかもしれない。

　では、武力を行使するという行為とその結果に伴う道徳的運について更なる検討を行うために、事例1を改変した事例1'を考えてみよう。

事例1'：停車指示に従わない救急車の制止
　　　ある中東の国に派遣されたブラウン軍曹は、同僚と共に基地正門前に設置してある検問所で基地正門の警備と基地の前を通る不審車のチェックを行っていた。基地正門は都市と町を結ぶ幹線道路に面しており、車両通行は頻繁である。しかし、高速で直進してくる車両を使った自爆攻撃を防ぐため、基地周辺の道路には交通を制限するためコンクリート製の障害壁が多数設置されている。そのため、基地周辺では常に交通渋滞を惹き起こしている。

ある日の午後、遠方から救急車がサイレンを鳴らし、前方の車両と障害壁をかわすために路肩に乗り上げながら高速で検問所に向かってきた。ブラウン軍曹は交戦規定（Rules of Engagement；ROE）に従って、マイクによる車両の停止命令を出し、次いで警告射撃を行った。しかし、救急車は速度を落とすどころか、逆に速度を上げて近づいてくる。それを見て、敵対武装勢力による自爆攻撃と判断したブラウン軍曹の「同僚」は、救急車に対して手持ちの小銃で直接射撃を行ったが、数発を撃つうちに弾詰まりを起こし、射撃できない状態になってしまった。その間にも救急車は高速で急接近してくる。

　ブラウン軍曹は救急車の接近を阻止するため、構えていた重機関銃を救急車に向け、連続射撃を行った。銃撃によって蜂の巣になった救急車は検問所の 20 メートル前で完全に停止した。基地から増援のために送り出させた兵士とともに銃痕だらけとなった救急車の中を確認することにした。運転手が即死しているのは明らかであった。ブラウン軍曹が救急車の後部を覗くと血まみれになった担架があり、そこには臨月の妊婦の死体が横たわっていた。後になって分かったことだが、その救急車は、自然分娩が難しく適切な手術を受けるために妊婦を乗せて、医師はおろか助産師さえいない田舎の小さな町から都市の病院に向かう途中であったのだ。路肩を走った理由は、妊婦の容態が急激に悪化したために、渋滞を避けて一刻も早く病院に着く必要があった。しかし、妊婦の体からは重機関銃の銃弾は見つかっておらず、致命傷となった頭部・胸部・腹部の銃創は、「同僚が」射撃した小銃の銃弾によるものであった。

　この事例では、ブラウン軍曹と同僚は救急車の接近を阻止するため、交戦規定に従い最終手段として射撃による攻撃を行った。しかし、同僚の小銃による射撃が、妊婦が致命傷を受ける直接の結果につながった。ブラウン軍曹による重機関銃の射撃によって妊婦は殺害さ

れたわけではない。

　それでは、ブラウン軍曹に道徳的責任はないのだろうか。ブラウン軍曹は、救急車が妊婦を救急搬送していると知らない限りにおいて、妊婦の死について道徳的責任を負わないと判断することは可能だろう。その意味で、ブラウン軍曹の行為は道徳的に非難できないといえるかもしれない。とするならば、それは結果としてたまたま「運よく」銃弾が妊婦に当たらなかったという道徳的運が、ブラウン軍曹の行為に対する道徳評価に影響を与えたと考えることができるだろう。

　上記2つの「停車指示に従わない救急車の事例」は、確かに、規範倫理学理論やそれに依拠する倫理的推論過程や手順を経たとしても必ずしも解決できるとは限らないジレンマということができるだろう。この点においてシュルックの議論は傾聴に値する。また、そのようなジレンマにおいては、兵士は行動の正しい方向性を推測するしかなく、結果を運に委ねることになるというシュルックの指摘もその通りかもしれない。

　しかし、ここでは、結果を運に委ねるという議論から何が導き出されるかということが重要である。このことについてシュルックはそのような状況が起きないようにするようにしたらよいと結論付けている。この結論はあまりにもナイーブではないだろうか。というのは、軍は解決できない倫理ジレンマが起きるような状況をなくす努力をすべきであるという主張だけでは、実際にそのような状況が起こった時の処方箋を何も提示しないからである。そのような状況が起こった時にさえも、いや起こった時にこそ、安易に運任せにしない判断力や思考様式を培うような軍事専門職倫理教育が必要なのではないだろうか。

　救急車が自爆攻撃で向かってきているのか否か、救急車に敵戦闘員が乗車しているか否か、誰に銃弾が当たるか、こういったことが運に依存すると強調することは、少なくとも軍事専門職倫理教育としては望まれることではない。結果を運に委ねることが強調されれば、兵士の軍事専門職としての倫理体系は深刻な危機を迎える可能性がある。

上記2つの事例において最も避けるべきことは、兵士が「どうせ運なのだから、自分や仲間の保護を第一にすべきだ」という思考に陥ることである。ある種の戦闘においては兵力保護が最優先になる場合はある。しかし、そうではないような場合においても兵力保護しか考慮せずに行動することが問題なのである。このことを踏まえ、次に、最悪の——道徳的に最も非難される——行為を避けるための一つの手段としての軍事専門職倫理のあり方を検討したい。

■「戦争の霧」の中で
——軍事専門職倫理教育の必要性

　戦場においては運が結果を左右する場合があることは否定できない。いや、むしろそのような場合の方が多いのかもしれない。戦場における道徳的運も例外ではない。なんからの行為をとったほとんどの場合、自らの行為がもたらした結果から道徳的非難を浴びたり賞賛されたりするだろう。ある小隊指揮官の例を考えてみよう。指揮下の小隊がパトロール中に待ち伏せ攻撃を受けた。敵の位置は分からない。部下が敵の銃弾に斃れる。敵の姿は目視できないが、攻撃の方向から敵の潜む場所は特定できた。その場所に対して航空支援攻撃の要請を行った結果、敵の攻撃は止んだ。しかし、敵の潜んでいた場所に行ってみると、敵戦闘員だけではなく、多くの民間人の死体が転がっていた。

　「戦争の霧」によって、戦闘におけるあらゆる行為が道徳的に免罪されるわけではない。しかし、「戦争の霧」という、運を含むさまざまな不確定要素が行為の結果を左右するのもまた事実である。民間人の殺傷については、「区別」[*9]や「手段の比例性」[*10]という正戦論の「戦争における正義」の二つの原則が満たされない場合、「戦争の霧」はその攻撃の言い訳にはならない。

　限られた時間の中で情報が錯綜し、刻々と変わる状況において、運が結果において不利な影響を及ぼすことを避けたり最小限に止めたりするためにこそ、軍事教育と訓練がある。そして、そのような状況で兵士が自分の行為を運に委ねて道徳的に最も悪い行為を選択すること

を避けるためにこそ、軍事専門職倫理教育がある。言い換えれば、軍事専門職倫理教育とは、軍人の道徳判断とそれに基づく行為において幸運を願うものではなく、最も道徳的に非難される行為を避けるためのものである。さらに言えば、軍事専門職倫理教育の役目のひとつは、兵士に道徳的に非難される最悪の判断をさせない、最悪の道徳評価をされることを避けるよう導くことにあるといえる。

では、次の事例を使って、戦場におけるある行為の道徳評価において運がどのような役割を果たすかについて考えてみよう。

シェーン・ケイシーズ少尉指揮下の歩兵小隊は、これまで5日間にわたりベトナム中部高原地帯において索敵撃滅作戦（search and destroy operation）に参加している。兵士たちは、敵性分子と連続して接触したり、半分勤務中で半分勤務外のような夜を何度も繰り返し過ごしたりした後なので、汚れきって疲れきっていた。しかし、翌朝には、他の中隊の一部と合流し、ヘリコプターによる撤収のために約3マイル南にある着陸地帯まで移動することになっている。

その日の夕方遅く、野営予定場所に向かって移動していると、老人と女性、それと数人の子供を含めた約30人のベトナム人民間人の集団に遭遇した。小隊付きの「チューホイ（南ベトナムに加わった元ベトコン兵士）」の通訳によると、民間人たちは、北ベトナム軍の大隊が村にやって来たという。ほとんどの村民が補給物資輸送に徴用されてしまった後、戦闘地域から海岸沿いの地域に向かって逃れているところだった。民間人たちは食料も何も所持していない。彼らは肉体的に消耗しきっていて、ひどい有り様だった。多くの民間人が傷の手当てを必要としている。小隊の衛生兵は、背嚢に収納できるだけの基本的な医療物資しか持っていない。

小隊付きの軍曹は、ベトナム人たちを助けることを提案した。軍曹は、昨日空中投下されて兵士たちに分配された糧食を集め

て、それらをベトナム人の集団に与えたいと考えている。軍曹は、「ベトナム人たちが高地から抜け出して海岸地域まで移動するためには長い距離を歩かなければならない」と指摘した。軍曹はまた、「いくらかの医療品を分け与えることはいい考えである」と述べた。分隊長の一人は即座に、「今から明日の撤収までの間にどんなことでも起こりうるのだから、小隊は食料を持っていることが必要である」と応答した。分隊長は特に、医療物資を使うという小隊付き軍曹の提案に激怒した。高地のうっそうとしたジャングルでは、物資の再補給や負傷者の避難には問題がある。とびとびにある切り開けた平地の多くは北ベトナム軍の監視下に置かれており、ときとして高射砲が設置されている。

　さて、ケイシーズ少尉は、自らの持っている物資のいくらかをベトナム人の民間人に分け与えるべきか？また、少尉は、負傷者の手当てのためにいくらかの医療品を使うよう衛生兵に言うべきか？少尉の即座に思いついた対応は、「自分たちができる限りの助けを民間人に提供する」ということだった。しかし、ちょっと考えてから、今晩と明日の任務を考慮すべきことを思い出した[*11]。

ケイシーズ少尉の行為がもたらす結果から、私たちはどのような道徳評価をするだろうか。まず踏まえておくべきことは、ケイシーズ少尉の任務は索敵撃滅作戦、つまり敵を探し出し撃破する作戦を指揮し遂行・完遂することであり、決して民間人保護や人道支援を行うことではない。この状況において、小隊に求められていることは翌朝のヘリコプターによる撤収のために約3マイル南にある着陸地帯まで移動することであり、ケイシーズ少尉に求められていることはそのために小隊の指揮を執ることにある。

ケイシーズ少尉の行為の結果が道徳評価にさらされる場合、小隊を被害なくまたは最小限の被害に抑えて帰還することを含めた、指揮官としてその任務を成功させたか否かがひとつの（実践的には時としてたったひとつの）評価基準となる場合がある。極論すれば、もし結果

としてケイシーズ少尉が任務遂行に成功しなければ——たとえそれが故意、過失、偶然、またはただ「ついていなかった」だけだとしても——その状況でどのような行為をとったとしても道徳的非難に晒されることになるだろう。

　ここには「戦争の霧」という道徳的運の問題が絡む。このことを示すために、たまたま偶然に予期できない敵からの奇襲に遭ったために部隊が壊滅し、予定通りの撤収に失敗した状況を想定してみよう。その場合において、ひとつの仮想状況をあげてみる。ケイシーズ少尉は部隊が保有するいくらかの医療品を避難民に分け与えることにした。その後に指揮下の部隊が予期できなかった敵の奇襲に遭い壊滅した。そうだとするならば、ケイシーズ少尉は自身の行為がもたらした結果（の少なくともある部分）に何らかの道徳的責任を負うと考えられるだろう。

　では逆に、もうひとつの仮想状況をあげてみる。ケイシーズ少尉は分隊長の意見を採用し避難民に医療品を分け与えなかった。にもかかわらず、その後に指揮下の部隊が予期できなかった敵の奇襲に遭い壊滅した。そのような場合においてもなお、ケイシーズ少尉は自身の行為がもたらした壊滅という結果に何らかの道徳的責任を負うと考えることができるかもしれない。

　上記の二つの仮想状況は、時点Aでの医療品を分け与えるか分け与えないかという行為が直接の問題なのではなく、予期できない敵の奇襲という「戦争の霧」にたまたま偶然に遭遇してしまい部隊を壊滅させてしまったというケイシーズ少尉の指揮に対する道徳評価が問題となっている。

　それでは、どのような行為をとったとしてもそれらは同じ程度の道徳的非難に値するのだろうか。やはり異なるように思われる。ここで、ケイシーズ少尉が結果として索敵撃滅作戦を遂行し、小隊を無傷または最小限の損害において帰還することに成功したと仮定しよう。その場合、もしケイシーズ少尉がいかなる行為を行った結果としても道徳的非難に晒されないのだろうか。おそらく、それは違ってくるよ

うに思われる。その違いは、最悪を避ける、「『より少ない悪』を目指す」という専門職倫理教育のコアを構成する理念から導き出されるだろう。

　ケイシーズ少尉のとりうる行為は、避難民に医薬品を分け与えるか否かという二択だけではない。ここでケイシーズ少尉の任務が部隊を無事に帰還させることだとするならば、そのために資すると考えられる行為の選択肢はかなり広がるだろう。ここでケイシーズ少尉のリーダーシップという視座から考えて最悪なこと——最も避けるべきこと——は、部隊内での反目やそれによる士気の低下や指揮の喪失、戦闘力の低下・減耗、のみならず、部隊の兵士が反乱を起こすことである。ひょっとしたら、反乱を避けることが、まずは小隊指揮官としてのケイシーズ少尉のリーダーシップに求められることかもしれない。

　しかし、リーダーシップとして最悪なことを避けるためであれば、いかなる道徳的に悪い行為が許容されるわけではない。道徳的に最も悪い行為は避けるべきである。例えば、過度に兵力保護に固執するあまり、避難民が敵のスパイかもしれないという疑念のもと、部隊の位置や行動を知られないようにと全員を射殺し、穴に埋めてしまうという行為でさえ、部隊の無事帰還を成功させるためという理由で行われるかもしれない。ここではそのような事例について検討を行わないが、戦場において軍人が民間人に行う残虐行為は枚挙に暇がない。歴史的に判明している事案だけでも数多くあるということは、判明していない事案を考慮すると、その数が無数に上るだろう。

　悪事の結果を運に委ねるような指揮官は次のように考えるかもしれない。「ひょっとしたら避難民は敵側のスパイかもしれない。ひょっとしたら避難民は敵にこちらの情報を与えるかもしれない。避難民を殺害すれば、ひょっとしたらそのようなリスクは避けられるかもしれない。もし民間人を殺害しても、自分と自分の指揮下の兵士しか知らないから、問題にはならないだろう。事実は闇に葬られる。そして葬られた事実はもはや事実ではない。それなら誰からも非難されない。もし何らかの理由で避難民殺害の事実が明るみに出て道徳的非難に晒

されたとしたら、それは運が悪かっただけだ……」。

　もし指揮官がそのように考え、明るみに出ないだろうという見込みや、出ないで欲しいという願望を運に任せて避難民を殺害するという行為をしたとしたら、その行為はどのような道徳評価となるだろうか。実際には明るみに出ないかもしれない。もし私たちが避難民殺害の事実を知らなければ、それについて評価することはできない。しかし、その事実が明るみに出た場合にはどう評価するだろうか。

　軍事専門職倫理教育の狙いは、不運によって生じうる道徳的に悪い結果を常に考慮しながら戦場において道徳判断と意思決定を行う能力を涵養することだけに止まらない。むしろ、軍人が戦場において機会主義的に道徳的運に賭けて悪事を行うこと、またそのような意図に基づく道徳的に最も悪い行為を避け、防ぐことにある。軍事専門職倫理教育の根底にあり、その核をなす最低限の目的は、兵士が戦場で意思決定を行う際に、結果を運に委ねて道徳的に最悪な行為を行わない習性を刷り込むことではないだろうか。

■ 「より少ない悪」を目指す

　戦場は時として「戦争の霧」に包まれることがある。戦場における行為の結果に関する道徳評価がある程度まで運に左右されることは避けられない。しかし、兵士による運任せの「逸脱行為」——最も悪い、最も道徳的非難に値する行為——を避け、防ぐためにこそ、軍事専門職倫理教育はある。著者は、この考えが「実務家」と共有されているかどうかは分からないし、喜んで受け入れられるものであるかも分からない。しかし、最低限の規準として「倫理的な最悪を避ける」という軍事専門職倫理教育の目的と狙いは、リスクヘッジを志向する軍人のプロフェッショナリズムに相反するものではないと考える。軍人が戦場での悪事の隠蔽というステークに道徳的運を試すことがないことを、最低限の、しかし最も重要な目的の一つである「最悪を避ける」ための方策として、今後において広く軍事専門職倫理教育が行われることが望まれる。これもまた、戦争や暴力がもたらす悪を少しで

も「マシ」なものに、「より少ない悪」を目指すための方法のひとつと考えられる。

兵士は、民間人に対して危害を加える能力を持ち合わせている。兵士は、民間人に対して危害を加えるかどうか、また危害を加えるのであれば、どのように、またどの程度まで加えるかを自らの意志で選択することができる。しかし、民間人は、兵士が自らに危害を加えるかどうか、また危害を加えるのであれば、どのように、またどの程度まで加えるかについて選択することはできない。

ある意味で、戦場で民間人が自らに危害を加える意志を有する兵士に遭遇するかどうかもまた、戦争における道徳的運の一形態である。そのような兵士と、このような状況に遭遇しうる民間人との間には、やはり「剥き出しの非対称性」の関係がある。

もちろん、そのような兵士は道徳的に悪い存在であり、軍事専門職業人が有し、また有すべき専門職倫理に対するあからさまな違反である。兵士の専門職倫理が「戦争の霧」によって曇ってしまわないためにこそ、軍事専門職倫理教育が徹底されることが望まれる。

そして、軍事専門職倫理の根底にあるのは、紛れもなく倫理学、特に戦争倫理と軍事倫理である。政治的また道徳的に正当化または許容される暴力の行使、暴力の抑制、暴力の「マネジメント」に関する倫理学的思考である。

応用倫理学の視座は武力行使、軍事介入、そして戦争においても必要であり、もし私たちが「decent（品を有するよう）」な社会を構築していくことを志向するのであれば（また本質的にはそうすべきでもあるのだが）、戦争と平和を巡る暴力のコントロールについて、これからも考えていかなければならない。

【注と文献】

*1　本章は、拙稿「戦争と道徳的運：「より少ない悪」への指針としての軍事専門職教育を考える」、『社会と倫理』第32号（南山大学社会倫理研究所）、2017年11月、45-56頁を基に、加筆修正したものである。

*2　「戦争の霧」は、作戦地域（operational theatre）や戦場（battle field）に

おける「霧」も含めて、またはときによっては実際に戦闘が行われている現場の状況に重きを置き、実質的な意味として「戦場の霧」といわれることもある。

* 3 「決闘」や「一騎打ち」といった特殊かつ例外的な「ゲーム」には相討ちという場合がある。しかし、それらは相手を死傷させるという意図に基づいて暴力が行使される点において、他の多くの競技スポーツやゲームと異なる。むしろ、それらは、より戦争や戦闘に近いといえるかもしれない。

* 4 Marcus Schulzke, 'Ethically Insoluable Dilemmas in War', *Journal of Military Ethics*, 12 (2), pp. 95-110, (2013).

* 5 この議論は、少なくともシュルックが検討対象としている米陸軍『フィールド・マニュアル (*Field Manual*)』で提示されているような倫理的決定過程については該当するかもしれない。しかし、本稿の論旨の射程外となるため検討は行わないが、いかなる倫理的決定手順を用いても戦場における倫理問題を解決できないかどうかについては留保が必要であろう。

* 6 この作戦は、『遠すぎた橋 (*A Bridge Too Far*)』(1977年) の映画のモチーフとなっている。

* 7 トマス・ネイゲル、永井均 (訳)『コウモリであるとはどのようなことか』(勁草書房、1989年)、第6章「公的行為における無慈悲さ」、121-144頁のうち、134-136頁。

* 8 この、いわゆる「検問所」の仮想事例は、トロッコ問題と同じようにさまざまなバリエーションがある。シュルックの論文では米陸軍の「フィールド・マニュアル」から類似の事例 (いわゆる「検問所」の事例) が引用されている。

* 9 区別の原則は、戦闘員と非戦闘員・民間人を区別し、後者に対する直接攻撃や無差別攻撃を禁止する。民間人の殺傷を禁止する一般原則ともいえる。

* 10 手段の比例性の原則は、軍事標的に対して攻撃を行う際に、その攻撃によって得られる軍事的利得と、付随的に生じることが見込まれる民間人や非軍事施設への被害が釣り合っていなければならないと規定する。民間人の殺傷をある条件の下で許容する例外原則ともいえる。

* 11 この事例は、国際軍事倫理学会 (International Society for Military Ethics : ISME) のウェブページに掲載されている軍事倫理教育事例集を著者が和訳したものである。なお、同事例は拙書『正しい戦争はあるのか？　戦争倫理学入門』(大隅書店、2016年) においてすでに紹介していることを付す。

おわりに

　本書では、「戦争」、そしてその「悪」を考えるために、戦争や関連する武力行使や暴力の諸相に露見する「剥き出しの非対称性」について論じてきた。結局のところ、本書で論じた内容は、著者が考える「常識（common sense）」や「常識道徳（common sense morality）」という範疇からの私見の吐露にすぎないのかもしれない。または、「はじめに」では「倫理学的視座より検討」などといっていたにもかかわらず、十分に実現できたかどうか覚束ない。いや、ひょっとしたら、「ダメなものはダメではいけない」という「はじめに」の主張とは逆で、著者が自分勝手に自身の感情を「ダメなものはダメ」と言っているになってしまったかもしれない。本書の議論が「骨太な」学術的考察ではないという評価を受けたとしても、著者としては首を洗って座すだけである。

　このようなことが「おわりに」に書かれているのを読んで、「最後の最後になって言っていることが違う」と思われた読者の方々もいるだろう。そのような意図は毛頭ないのだが、そのように受け取られても仕方ないのかもしれない。著者が本書の内容についてすべての責任を負う以上、もしそのような評価を受けるのであれば、偏に自らの不徳と勉強不足のいたるところとして深く反省すべきであると考えている。

　弁解、というか、苦し紛れの言い訳をする機会を与えてくれるのであれば、次のように言いたい。戦争、平和、暴力、そして「戦争の悪」の一形態である「剥き出しの非対称性」について、私たちが気づかなかったかもしれないこと、気づいていないような振りをしてきた

かもしれないこと、または目を背けてきたかもしれないこと、それらについて注意を喚起することが、本書の狙いであった。

あ と が き

　研究者番号を付与されてから 12 年以上になる。早いのか、まだまだなのか、よく分からない。
　研究者として駆け出しの頃、ある方から大切なことを教わった。その方は、前任校での上司であり、同僚であり、そして研究者としてまた教員としてのロールモデルであった。その大切なこととは、「若いうちは仕事を断るな」であった。確かに、確実にできない仕事を引き受けるのは無責任である。もしそのような仕事の依頼を受けたら「できない」というのが筋だろう。
　振り返ってみれば、「できるかできないか分からないけれど、やってみよう」という思いで仕事の依頼を引き受けてきた。しかし、そう思っていたのは自分だけだったのかもしれない。実は、仕事を振ってくれた方々は「たぶんできるだろうから振ってみよう」と考えていたのかもしれない。ありがたいことに、「仕事をこなすことに信頼をしてくださったからこそ、仕事を回してもらった」というのが本当のところだろう。
　今を遡ること 5 年前、あれは 2 月の雪祭りが終わった頃の大雪の日だっただろうか。前任校の研究室の電話が鳴った。受話器を取ると、咳払いをする声が聞こえた後に「お願いがあるんだけど……」と続いた。「お願い」の内容も聞いていないうちに「もちろんです！」と即答し、それからすぐに「で、何をすればいいんですか？」と聞いてしまった。この応答には大笑いされたが、その時に引き受けた仕事がこれまでの研究と教育を大きく方向付けるきっかけとなった。おかげで、教養教育の魅力とそれに携わる責任の重大さ、反転授業の有用性と有効性、研究倫理・専門職倫理教育の意義と重要性、そして時間を守ることの本当の意味を理解することができたと思っている。

今思えば、というか、今更ながらかもしれないが、「仕事を断るな」とは「可能性を自らで絶つな」という意味であり、仕事の依頼が来ることは研究者として信頼されている証であり、仕事を振るということは「研究者としての幅と可能性を開拓する機会を与える」という意味だったのかもしれない。

　ここでひとつ告白しなければならないことがある。今年になって、さまざまな意味で非常に重要な仕事をひとつ落としてしまった。この仕事は義理事であり、共同プロジェクトへの参加は所与のものであった。しかし、諸般の事情により原稿を落とすことになり、プロジェクトに多大な迷惑をかけることになった。関係者の方々からの信頼を裏切ったこと、また義理を欠いてしまったことは、ひとえに自身の不徳の致すところであり、深く反省し、この場を借りてお詫び申し上げたい。

　本書を執筆しつつ、自らの研究における本書の位置づけについて考えていた。本書は著者にとって3冊目の単著となる。本書では先の2冊で扱えなかった内容を論じることができたという点では「補遺」であり、より包括的かつ網羅的に戦争を倫理学の視座から検討でき、扱う領域の幅も広げることができたと考えている。また、「戦争の悪を考える」ということをテーマとして論じることができたのは、戦争倫理学を専門とする研究者として感無量である。

　本書はある意味で「戦争の悪」をテーマとした「三部作」の第三部にあたるのかもしれないが、戦争を倫理学的視座から考える必要性は終わったわけではない。むしろ、戦争やそれに関連する暴力は今後においてもますます数多くの新たな倫理問題をもたらすことだろう。そして、私たちはそれに立ち向かっていかなければならない。

　本書は広島大学大学院総合科学研究科が編集する叢書の一冊として刊行された。著者は2017年4月に同研究科に准教授として着任したばかりであり、新参者にこのような貴重な機会を与えてくださった同研究科とその構成員の皆様に感謝申し上げる。

本書を執筆するにあたって、多くの方々のお世話になった。南山大学の奥田太郎教授、東洋英和女学院大学の今野茂充准教授、パリ高等師範学校ジャンニコ研究所の新川拓哉博士、北海道大学の小林和也博士研究員より、本書の草稿について数多くの貴重なコメントを頂いた。著者が気づかなかったり見落としていたりした論点を的確に指摘してくださっただけではなく、論旨の甘さについての厳しい「指導」をくださったことには、ただただ頭が下がる思いである。

　また、平成28年度は北海道大学での「戦争倫理学入門」、平成29年以降は広島大学での「倫理学」と「倫理学演習」の授業を履修した学生との議論から、トピックの選定や論の立て方について大きなヒントをいただいた。

　そして本書の原稿の執筆にあたって「構造的モラルサポート」というインフラを提供してくれた広島エキニシと札幌ススキノとに感謝したい。

　最後に、丸善出版の大江明氏と柳瀬ひな氏には締め切りの延長を含む編集回り全般において多大な迷惑をかけることになってしまった。ここに感謝とお詫びを申し上げたい。

　言うまでもないが、本書の内容についての責任はすべて著者にある。

2018年7月　ザンビア・カッパーベルト州にて
眞嶋　俊造

索　　引

※日本語としてあまりなじみがないと思われる語については、欧文を併記した。

■数字、A~Z

1949年8月12日のジュネーブ諸条約の国際的な武力紛争の犠牲者の保護に関する追加議定書（議定書Ⅰ）（ジュネーブ諸条約第一追加議定書）　69, 106, 107, 136, 138

1949年8月12日のジュネーブ諸条約の国際的な武力紛争の犠牲者の保護に関する追加議定書（議定書Ⅱ）（ジュネーブ諸条約第二追加議定書）　69, 107

1949年ジュネーブ第三条約　105

ILO（国際労働機関）　70

MQ-1 →プレデター

MQ-9 →リーパー

NATO（北大西洋条約機構）　52, 57-58, 61-63, 75, 81, 83, 129

PTSD →心的外傷後ストレス障害

ROE →交戦規定

RPA →遠隔操縦航空機

UNICEF（ユニセフ）　68

■あ

『アイ・イン・ザ・スカイ　世界一安全な戦場』　123-126

安全保障関連法制（安保法制）　8, 18, 19, 21

安定化作戦　59

いじめ　8

イスラエル国防軍　61, 74, 83

イスラム国　36, 52, 72, 81, 85, 102, 111, 113, 121

イラン・イラク戦争　36

ウェスト・サイド・ボーイズ（West Side Boys）　74

遠隔操縦航空機（Remotely Piloted Aircraft；RPA）　121

遠征軍事介入　56-58, 62, 81, 128

オシラク攻撃（1981年）　45

オタワ条約（対人地雷禁止条約）　52

■か

化学兵器禁止条約（1993年）　52

神の抵抗軍（Lord's Resistance Army）　73

慣習国際人道法　40, 52

カンボジア内戦　36

北大西洋条約機構（NATO）　52, 57-58, 61-63, 75, 81, 83, 129

キューバ危機　49

競技スポーツ　37-40, 55, 148

「区別」の原則　88, 158, 165

クメール・ルージュ　51

グレーゾーン　33-35, 48, 51

軍事専門職倫理教育　149, 158

軍事倫理学　4, 149

ゲリラ　33

交戦規定（Rules of Engagement；ROE）　153, 156

拷問　23, 112

国際軍事倫理学会　165
国際刑事裁判所　53, 107
国際人道法→武力紛争法
国際連合児童基金→ユニセフ
国際労働機関（ILO）　70
コソボ介入　58
コソボ空爆　36, 52
国家横断型武力紛争（trans-national armed conflict）　36, 42
国家間武力紛争（inter-state armed conflict）　36, 42
国家内武力紛争（intra-state armed conflict）　36, 42
国共内戦　36
子ども兵士　67, 72, 74, 76, 80
コロンビア内戦　36

■さ

自衛隊　18-20, 134, 135
ジェノサイド　33, 49
自殺行為に等しいような攻撃（suicidal attack）　86-88
自殺攻撃　85, 86, 89, 90, 99
児童の権利に関する条約　69
ジャーナリスト　102, 105-106, 113, 115
ジャーナリストの保護　105-106
従軍記者　105-106
「手段の比例性」の原則　89, 127, 139-140, 144, 158, 165
ジュネーブ諸条約第一追加議定書（1949年8月12日のジュネーブ諸条約の国際的な武力紛争の犠牲者の保護に関する追加議定書（議定書Ⅰ））　69, 106, 107, 136, 138
ジュネーブ諸条約第二追加議定書（1949年8月12日のジュネーブ諸条約の国際的な武力紛争の犠牲者の保護に関する追加議定書（議定書Ⅱ））　69, 107
シリア内戦　36, 52
心的外傷後ストレス障害（PTSD）　73, 80
正戦論　89, 158
生物兵器禁止条約（1972年）　52
赤十字国際委員会　53, 107
戦時国際法→武力紛争法
戦争における正義（jus in bello）　88, 100, 158
戦争の霧（fog of war）　148, 158, 163, 164
戦争法→武力紛争法
戦争倫理学　4, 89
戦闘ドローン（combat drones）　121, 130
ソンムの戦い　26, 128

■た

第一次世界大戦　26, 58, 128
第二次世界大戦　26, 36, 58, 99, 101, 136, 145, 151
第三次中東戦争　53
第四次中東戦争　36
対称戦（symmetric warfare）　46, 54
対人地雷禁止条約（オタワ条約）　52
対テロ（counter-terrorism）　59
対テロ戦争（対テロ作戦，対テロ戦）　53
対反乱（counter-insurgency；COIN）　56
他国政府防衛（foreign internal defence）　59
タリバン　60
テロ　33, 50, 115
テロ行為　33, 44, 89, 107
テロリズム　85

伝統的な戦争　51, 56
東京大空襲　26
『統合軍武力紛争法マニュアル (*the Joint Service Manual of the Law of Armed Conflict*)』　137
道徳的運　148, 150-153, 163-164
道徳的罠　67, 74, 80-82
ドレスデン爆撃　26
ドローン（無人航空機）　58, 63, 120-121, 126

■な

日本国憲法　21, 135
ニュルンベルク裁判　59
人間の盾　91, 101

■は

ハマス　61
反乱　33, 49
ヒズボラ　45
非正規戦 (irregular warfare)　55, 59
非対称戦 (asymmetric warfare)　53, 54, 59, 62
非通常戦　60, 65
人質　88, 102-104, 106, 117-118
人質をとる行為に関する国際条約　106, 110
標的殺害　33
比例性の原則→「手段の比例性」の原則
付随的被害　58, 62, 89, 127, 141
武装無人航空機 (armed unmanned aerial vehicles)　121
物理的強制力　37, 41

プライバシー　115-117, 118
武力介入　56
武力紛争法　40, 52, 59, 69, 89, 105-107, 136, 139, 144
プレデター（MQ-1）　121
兵器工場　138
兵力保護 (force protection)　58
平和維持　33, 51
ベトナム戦争　36, 128
防衛産業　133-135
暴動　33
ボコ・ハラム　68, 81
捕虜の待遇に関する1949年8月12日のジュネーブ条約（1949年ジュネーブ第三条約）　105

■ま

民主カンプチア　51
民族浄化　33, 50
無差別攻撃　89
無人航空機（ドローン）　58, 63, 120-121, 126

■や

「より少ない悪」　23-25, 163
ユニセフ (UNICEF)　68

■ら

力学的強制力　41, 45
リーパー（MQ-9）　121, 123
倫理学　5
ルワンダ虐殺（1994年）　44
ローマ規定　107

平和のために戦争を考える
——「剥き出しの非対称性」から 〈叢書インテグラーレ017〉

平成31年1月31日　発　　行
平成31年4月10日　第2刷発行

編　　者　広島大学大学院総合科学研究科

著作者　　眞　嶋　俊　造

発行者　　池　田　和　博

発行所　　丸善出版株式会社
〒101-0051　東京都千代田区神田神保町二丁目17番
編集：電話(03)3512-3264／FAX(03)3512-3272
営業：電話(03)3512-3256／FAX(03)3512-3270
https://www.maruzen-publishing.co.jp

© Hiroshima University, Graduate School of Integrated Arts and Sciences. 2019

組版印刷・株式会社 日本制作センター／製本・株式会社 星共社

ISBN 978-4-621-30355-9　C1312　　Printed in Japan

JCOPY〈(一社)出版者著作権管理機構 委託出版物〉
本書の無断複写は著作権法上での例外を除き禁じられています．複写される場合は，そのつど事前に，(一社)出版者著作権管理機構(電話03-5244-5088, FAX03-5244-5089, e-mail：info@jcopy.or.jp)の許諾を得てください．

叢書インテグラーレ創刊の辞

佐藤　正樹

科学は専門分野をもち、それを細分化し、細分化したものをさらに細分化させてきた。その傾向は今やますます顕著になっている。

他方、そうした細分化された研究を、あるいは融合させる試みや、細分化された個々の研究分野のあいだに新しい研究分野を発見する「学際」研究への努力も続けられてきた。従来の研究手法では太刀打ちのできない現代の難問は、これらの真剣な努力がなければ、われわれの手をすり抜け生きのびてしまうであろう。

「総合科学」は狭義の専門研究体制にたいするアンチテーゼとして提案され、学部の呼称として選ばれてより三十年を閲した。これを契機として、個々の研究分野の「総合」への努力と、異なる研究分野の協同の試みとを、できるだけ平易にご紹介するために「叢書インテグラーレ」を創刊する。ラテン語の「インテグラーレ integrare」は「修復する」「完全なものにする」「より大きな全体のなかに組みこむ」の意であり、学部の欧文名称にも用いられてきた。

ところで、異分野間の協同と研究分野の枠組の突破は、「教養」というエネルギーがなければ実現しないことである。教養の支えなくしては協同も突破もありえない。異分野への強い思いは想像力によって運ばれるが、想像力をたんなる無秩序なエネルギーとしないためには、これを秩序づける「教養」の力がなくてはならない。教養は想像を秩序づけ、異分野を結び、「総合科学」を創造的なものに変えていく。

この意味において、本叢書は大学の教養教育などの場でもテクストとして使用できるよう工夫しているが、むしろそれ以上に、現代において「教養とは何か」「教養の意味とは何か」という切実な問いにたいする解答の試みの書でもあると自負している。多くの読者にご覧いただき、ご批判をたまわれば幸いである。

本叢書は、広島大学総合科学部創立三十周年を契機として創刊されるが、この学部はいわゆる専門教育だけでなく、広島大学における教養教育のほとんどを担ってきた。それゆえ、狭い研究分野の突破、異分野の協同という横軸はいうに及ばず、教養教育と専門教育と、さらには大学院教育とを連結、融合させるという縦軸においても、「総合科学」を実践してきた。その実践記録がこの叢書のもう一つのメッセージである。

われわれの提案が幸運にも広く迎えられ、「総合科学」への理解が深まり、これをあいことばとして多くの人が結ばれるのにこの叢書が役立つならば、叢書の目的は達成されたのである。